BEI GRIN MACHT SICH II
WISSEN BEZAHLT

- Wir veröffentlichen Ihre Hausarbeit,
  Bachelor- und Masterarbeit

- Ihr eigenes eBook und Buch -
  weltweit in allen wichtigen Shops

- Verdienen Sie an jedem Verkauf

Jetzt bei www.GRIN.com hochladen
und kostenlos publizieren

Bibliografische Information der Deutschen Nationalbibliothek:

Die Deutsche Bibliothek verzeichnet diese Publikation in der Deutschen National-
bibliografie; detaillierte bibliografische Daten sind im Internet über http://dnb.d-
nb.de/ abrufbar.

Dieses Werk sowie alle darin enthaltenen einzelnen Beiträge und Abbildungen
sind urheberrechtlich geschützt. Jede Verwertung, die nicht ausdrücklich vom
Urheberrechtsschutz zugelassen ist, bedarf der vorherigen Zustimmung des Verla-
ges. Das gilt insbesondere für Vervielfältigungen, Bearbeitungen, Übersetzungen,
Mikroverfilmungen, Auswertungen durch Datenbanken und für die Einspeicherung
und Verarbeitung in elektronische Systeme. Alle Rechte, auch die des auszugsweisen
Nachdrucks, der fotomechanischen Wiedergabe (einschließlich Mikrokopie) sowie
der Auswertung durch Datenbanken oder ähnliche Einrichtungen, vorbehalten.

Impressum:

Copyright © 2009 GRIN Verlag, Open Publishing GmbH
Druck und Bindung: Books on Demand GmbH, Norderstedt Germany
ISBN: 9783640476947

Dieses Buch bei GRIN:

http://www.grin.com/de/e-book/138272/die-evolution-der-korruption

Peter Warmbier

Die Evolution der Korruption

Eine spieltheoretische Modellierung

GRIN Verlag

GRIN - Your knowledge has value

Der GRIN Verlag publiziert seit 1998 wissenschaftliche Arbeiten von Studenten, Hochschullehrern und anderen Akademikern als eBook und gedrucktes Buch. Die Verlagswebsite www.grin.com ist die ideale Plattform zur Veröffentlichung von Hausarbeiten, Abschlussarbeiten, wissenschaftlichen Aufsätzen, Dissertationen und Fachbüchern.

Besuchen Sie uns im Internet:

http://www.grin.com/

http://www.facebook.com/grincom

http://www.twitter.com/grin_com

Fachbereich Informatik

Wilhelm Büchner Hochschule

Darmstadt

Die Evolution der Korruption

Eine spieltheoretische Modellierung

Diplomarbeit

von: Peter Warmbier

Abgabe: 15.09.2009

Inhaltsverzeichnis

Abbildungsverzeichnis

Abkürzungsverzeichnis

ABM	Agenten-Basierte Modellierung
BE	Beste Erwiderung
bzgl.	bezüglich
bzw.	beziehungsweise
d.h.	das heißt
E	Erwartete Auszahlung (evolutionär)
engl.	englisch
ESS	evolutionsstabile Strategie
et al.	und andere
etc.	et cetera
EU	Expected Utility, erwartete Auszahlung
ggf.	gegebenenfalls
Hrsg.	Herausgeber
i.d.R.	in der Regel
i.e.	das ist
lat.	lateinisch
NE	Nash-Equilibrium, Nash-Gleichgewicht
o.g.	oben genannte(n)
o.J.	ohne Jahresangabe
o.O.	ohne Ortsangabe
p,q	Wahrscheinlichkeit
S.	Seite(n)
sog.	sogenannte(n)
ToM	Theory of Mind
u. a.	unter anderem
usw.	und so weiter
u.U.	unter Umständen
vgl.	vergleiche
z.B.	zum Beispiel

1 Einleitung

1.1 Konzept, Zielsetzung

Seit den ersten der Nachwelt erhaltenen Belegen aus der Antike, bis hinein in die heutige Zeit, ist die Korruption in der Menschheitsgeschichte ein relativ weit verbreitetes Phänomen, und zwar weitgehend unabhängig vom jeweils vorherrschenden Gesellschaftssystem. Der daraus resultierende volkswirtschaftliche Schaden ist immens. Trotz ernster staatlicher Sanktionen gelingt es bis heute nicht, Korruption vollständig einzudämmen. Da sich die Korruption über einen so langen Zeitraum als Strategie von Wirtschaftsindividuen gehalten hat, wird vermutet, dass es sich dabei um eine evolutionär stabile Strategie handelt. Der Verfasser dieser Arbeit geht davon aus, dass die spieltheoretische Untersuchung der die Korruption verursachenden Verhaltensmuster und die Ableitung eines entsprechenden Mechanismus-Designs einen Beitrag zur Korruptionshemmung leisten kann, und zwar mittels konzeptioneller Empfehlungen hinsichtlich gesetzgeberischer und wirtschaftlicher Rahmenbedingungen, um diese auf eine Weise gestalten zu können, die es potentiellen Korruptionsverursachern schwer oder unmöglich macht, aus ihrem Verhalten wirkliche Vorteile zu erzielen und dem Phänomen, bzw. den Akteuren damit die Motivation entzieht. Um diesem Anspruch näher zu kommen, soll in dieser Arbeit ein möglicherweise evolutionärer Charakter der Korruption untersucht und gegebenenfalls nachgewiesen werden.

Zielsetzung der Diplomarbeit ist somit die spieltheoretische Modellierung von Korruption in der Wirtschaftswelt, unter der besonderen Berücksichtigung evolutionärer Aspekte. Insbesondere wird die Hypothese aufgestellt, dass es sich bei dem Phänomen der Korruption um eine evolutionär stabile Strategie handelt.

Die Methoden, die zur Erreichung der hier formulierten Ziele zum Einsatz kommen sollen, sind zum einen rein (spiel-) theoretischer Art (Matrix-Spiele und deren mathematische Beschreibung) und zum anderen sollen die aus diesen theoretischen Überlegungen gewonnenen Mechanismen, durch die Entwicklung entsprechender Algorithmen (in der Programmiersprache NetLogo), in einer Agenten-Basierten Simulation implementiert werden. In der Simulation soll es möglich sein, durch diskrete Veränderung von Parametern unterschiedliche Szenarien durchzuspielen, um so das Modell für verschiedene Untersuchungen nutzbar zu machen.

1.2 Beteiligte Disziplinen, Begriffserklärung

Bei dem vorliegenden Text handelt es sich um eine interdisziplinäre Arbeit. Beteiligt sind die Sozialwissenschaften und die Naturwissenschaften.

1.2.1 Begriff der Korruption

Die Korruption gehört als volkswirtschaftliches, wirtschaftsethisches und sozialpsychologisches Phänomen in den Bereich der Sozialwissenschaften.

Bei der Definition von Korruption unterscheidet das Strafgesetzbuch der Bundesrepublik Deutschland Amtsträger und Angestellte von geschäftlichen Betrieben. In §299 StGB wird Korruption wie folgt definiert: „Bestechlichkeit und Bestechung im geschäftlichen Verkehr - (1) Wer als Angestellter oder Beauftragter eines geschäftlichen Betriebes im geschäftlichen Verkehr einen Vorteil für sich oder einen Dritten als Gegenleistung dafür fordert, sich versprechen lässt oder annimmt, dass er einen anderen bei dem Bezug von Waren oder gewerblichen Leistungen im Wettbewerb in unlauterer Weise bevorzuge, wird mit Freiheitsstrafe bis zu drei Jahren oder mit Geldstrafe bestraft. (2) Ebenso wird bestraft, wer im geschäftlichen Verkehr zu Zwecken des Wettbewerbs einem Angestellten oder Beauftragten eines geschäftlichen Betriebes einen Vorteil für diesen oder einen Dritten als Gegenleistung dafür anbietet, verspricht oder gewährt, dass er ihn oder einen anderen bei dem Bezug von Waren oder gewerblichen Leistungen in unlauterer Weise bevorzuge. (3) Die Absätze 1 und 2 gelten auch für Handlungen im ausländischen Wettbewerb."[1] In den §§331 bis 335 des StGB wird Korruption in ähnlicherweise für Amtsträger definiert (§331 „Vorteilsannahme", §332 „Bestechlichkeit", §333 „Vorteilsgewährung", §334 „Bestechung", §335 „Besonders schwere Fälle der Bestechlichkeit und Bestechung"). Anhand dieser Definitionen ergibt sich offensichtlich bereits eine entsprechende Unterscheidung von Korruption in aktiver und passiver Form.

1.2.2 Begriff der Spieltheorie

Die Spieltheorie, deren Methoden hier als Lösungsansatz des Problems der Korruption untersucht werden sollen, gehört, als Spezialgebiet der Stochastik, in den Bereich der

---

[1]Bundesministerium der Justiz: Strafgesetzbuch, http://bundesrecht.juris.de/stgb/index.html, 16.04.2009.

Mathematik. Sie findet vorwiegend in den Sozialwissenschaften und in der Biologie Anwendung.

Gegenstand: Gegenstand der Spieltheorie sind die Folgen der Entscheidungen von Akteuren, der „Spieler", die in strategischer Weise von den Entscheidungen der „Gegenspieler" abhängen. Die Spieltheorie stellt insbesondere Methoden zur Analyse und optimalen Lösung von Entscheidungssituationen zur Verfügung. Sie hat ihren Namen vom „Vater der Spieltheorie", dem US-amerikanischen Einwanderer und bedeutenden Mathematiker John von Neumann. Inspiriert von einer Arbeit des Mathematikers Borel aus dem Jahr 1928 schuf von Neumann, zusammen mit dem Wirtschaftswissenschaftler Oskar Morgenstern, das bahnbrechende Standardwerk zur Spieltheorie: *The Theory of Games and Economic Behaviour*[2], worin die Spieltheorie erstmals formalisiert wurde. Ein „Spiel" in diesem Sinne stellt immer eine Entscheidungssituation zwischen vernunftbegabten Akteuren dar. Spielverlauf und Spielausgang sind abhängig von den eigenen Entscheidungen und den Entscheidungen der „Mitspieler". Das Wort „Spiel" bezieht sich hier nicht auf gewöhnliche Gesellschaftsspiele, sondern auf wirtschaftswissenschaftliche Probleme, obwohl viele Erkenntnisse der Spieltheorie auch auf die Gesellschaftsspiele anwendbar sind. Über den Vergleich mit den Spielen im herkömmlichen Sinne lässt sich die Spieltheorie im trivialen Sinne auch von der Entscheidungstheorie abgrenzen: Während es sich bei Spielen im Sinne der Entscheidungstheorie durchweg um Glücksspiele handelt, bei denen der Zufall eine große Rolle spielt, werden bei der Spieltheorie ausschließlich strategische Spiele betrachtet. Bei den „Spielern" (auch „Mitspieler", „Gegenspieler") handelt es sich demnach um Akteure in Entscheidungssituationen. Bei der Spieltheorie im engeren Sinne wird stets die Rationalität[3] der Spieler vorausgesetzt. Dabei kann der Informationsgrad der Beteiligten situationsabhängig sein. Bei den hier hauptsächlich untersuchten nichtkooperativen Spielen herrscht vollständige Information, d.h. alle Spieler haben Kenntnis von den Spielregeln, allen Strategien und allen Auszahlungen, sowie Kenntnis darüber, dass auch alle anderen Spieler über vollständige Information verfügen. Eine Einschränkung besteht bei der Kenntnis der vom Gegenspieler tatsächlich gespielten Strategie (also eines Zuges): Die Spieler wissen zum Zeitpunkt des Zuges nicht, wie sich der Gegenspieler verhalten hat oder

---

[2] John von Neumann, Oskar Morgenstern: The theory of Games and Economic Behaviour, Princeton 1944.

[3] Später wird noch vom Teilgebiet der Evolutionären Spieltheorie die Rede sein, wo die Rationalität im Allgemeinen nicht a priori gegeben ist.

verhalten wird. Somit liegt hier zwar vollständige, jedoch sog. unvollkommene Information vor.

Spielelemente: Die Elemente eines Spiels im Sinne der Spieltheorie sind *Spieler*, *Strategien* und *Auszahlungen*. - Ein Spieler ist grundsätzlich nur am eigenen Vorteil interessiert, handelt rational, trachtet nach der Maximierung seines Nutzens, reagiert auf Restriktionen, hat bestimmte Präferenzen und verfügt über vollständige Information, kurz, er handelt als „Homo oeconomicus"[4]. - Eine Strategie ist die spieltheoretische Bezeichnung für ein bestimmtes Entscheidungsverhalten. Dabei wird je nach Spieltyp und dessen Lösungskonzept auch die sogenannte „Theory of Mind"[5] (ToM) angewandt. Die aus der Psychologie stammende ToM geht in der Spieltheorie davon aus, dass Spieler Annahmen und Vermutungen über das Verhalten der Gegenspieler vornehmen und dementsprechend ihre Strategien wählen. - Der Begriff der Auszahlung bezeichnet die individuelle und subjektive Bewertung eines Spielausgangs (also der Nutzen von Strategien), üblicherweise angegeben in Zahlen-Tupeln (je nach Problemstellung werden entsprechende Zahlenmengen verwendet). Die Bewertung eines Nutzens kann also grundsätzlich beliebig erfolgen, die Werte müssen nur ordinalen, bzw. kardinalen Charakter haben, als Voraussetzung für die mathematische Vergleich- und Berechenbarkeit. Die Lösung eines Spiels bedeutet das Finden eines Strategienvektors, der rationales Verhalten der Spieler wiedergibt.

Formale Notation: Die formale Notation der Spieltheorie wird in den relevanten Quellen leider nicht einheitlich gehandhabt. Im Folgenden wird daher die für diese Diplomarbeit erstellte und darin durchgehend verwendete Notation vorgestellt.

Spieler werden notiert als Index $i = (1,2,...,n)$, wobei $i \in I$. I ist die Menge aller Spieler. Die individuelle Strategie eines Spielers wird notiert als s_i, wobei $s_i \in S_i$. S_i ist die Menge aller möglichen Strategien (Strategienmenge) eines Spielers, wobei $S_i \in S$. S ist der Strategienraum aller möglichen Strategien eines Spieles, wobei gilt $S = S_1 \times S_2 \times ... \times S_n$. Die für den Spielverlauf tatsächlich gewählten Strategienkombinationen der Spieler werden im Strategienvektor s zusammengefasst, wobei gilt $s = (s_1, s_2,...,s_n) \in S$. Ein Strategienvektor

---

[4] Stephan Franz: Grundlagen des ökonomischen Ansatzes: Das Erklärungskonzept des Homo Oeconomicus; in: W. Fuhrmann (Hrsg.), Working Paper, International Economics, Heft 2, 2004, Nr. 2004-02, Universität Potsdam.

[5] P. Fonagy, G. Gergely, E. Jurist, M. Target: Affektregulierung, Mentalisierung und die Entwicklung des Selbst. 2004, Klett-Cotta.

definiert eine *Partie*. Die Notation der Strategien aller Spieler ohne die Strategie von Spieler i lautet s_{-i}. Die möglichen Auszahlungen eines Spielers i sind abhängig von seiner eigenen Strategie und der Strategien aller anderen Spieler und werden als $u_i(s_1, ..., s_i, ..., s_n)$, alternativ als $u_i(s_i, s_{-i})$ oder kurz als $u_i(s)$ notiert. Die in dieser Diplomarbeit untersuchten Spielarten werden nach der Erwartungsnutzentheorie, die hier aus Platzgründen leider nicht näher beschrieben werden kann, analysiert. Ein Spieler wählt demnach die Strategie, die ihm den höchsten erwarteten Nutzen bringt. Der erwartete Nutzen ist die Summe der nach der Auszahlungswahrscheinlichkeit gewichteten Auszahlungen eines Strategienvektors. Die erwartete Auszahlung bei gemischten Strategien wird mit EU, bei evolutionären Spielen mit E bezeichnet. Die Auszahlungen eines Spiels können graphisch im sogenannten Auszahlungsraum P dargestellt werden.

Teilgebiete: Die Spieltheorie umfasst die Teilgebiete der Kooperativen Spieltheorie, der Nichtkooperativen Spieltheorie und der Evolutionären Spieltheorie. In der kooperativen Spieltheorie wird Kooperation vorausgesetzt, d.h. dass die Akteure bindende Vereinbarungen über ihr Spielverhalten eingehen. Da dies für die vorliegende Problemstellung nicht weiter relevant ist (denn korrupt Handelnde können aufgrund von entsprechenden gesetzlichen Sanktionen keine bindende, also rechtlich durchsetzbare Verträge eingehen), wird hier nicht näher auf die kooperative Spieltheorie eingegangen. In der nichtkooperativen Spieltheorie dagegen sind keine bindenden Vereinbarungen über das Spielverhalten der Spieler möglich und es wird Rationalität der Spieler vorausgesetzt. Der Begriff Rationalität wird hier im Sinne von „vernünftig handelnd" verwendet, wobei das gleiche Verhalten von den Akteuren unter Umständen sehr unterschiedlich, weil subjektiv, beurteilt werden kann.

Mechanismus-Design: Die „Spielregeln" eines Spiels im Sinne der Spieltheorie müssen nicht immer extern vorgegeben sein. Im Gegenteil kann beispielsweise der Gesetzgeber bestimmte Rahmenbedingungen im Wirtschaftsleben schaffen, die sich mehr oder minder auf die Auszahlungen und damit auf die Strategien der Marktteilnehmer auswirken.

1.2.3 Begriff der Agenten-basierte Modellierung

Die Agenten-basierte Modellierung schließlich gehört in den Bereich der künstlichen Intelligenz, als Teilgebiet der Informatik.

Die Agenten-basierte Modellierung ist eine Computer-Simulation. Nach BRONSTEIN[6] versteht man unter einer Simulation die Untersuchung eines Prozesses oder Systems mit Hilfe eines Ersatzsystems, in der Regel eines mathematischen Modells, das den zu untersuchenden Prozess beschreibt. Vorwiegend wird ABM in den Sozialwissenschaften und in der Biologie eingesetzt. Mit der ABM werden Abbilder der Wirklichkeit geschaffen, deren Parameter vom Forschenden vor und während der Simulation beliebig verändert werden können. Jedes Modell hat einen bestimmten Zweck, ein „Target". In den Modellen interagieren sogenannte „Agenten" untereinander und auch gegebenenfalls mit der „Umwelt". Bei den Agenten handelt es sich um Programmteile, die das Verhalten von Individuen, aber auch von Organisationen oder Gesellschaftsteilen während der Simulation repräsentieren. Agenten können Nachrichten untereinander oder mit der Umwelt austauschen.

Laut Gilbert besitzen Agenten vier grundlegende Merkmale[7]:

1. Autonomie („Autonomy"). Während des Simulationsablaufs sind die Agenten autonom, d.h. sie werden nicht von außen gesteuert, sondern verhalten sich ausschließlich gemäß ihrer Programmierung.

2. Soziale Interaktivität („Social Ability"). Jeder Agent kann mit anderen Agenten interagieren.

3. Reaktionsfähigkeit („Reactivity"). Jeder Agent kann angemessen auf Stimulierung aus der Umwelt reagieren.

4. Eigeninitiative („Proactivity"). Jeder Agent hat ein Ziel, welches er durch eigene Initiative verfolgt.

Die Umwelt einer ABM-Simulation ist die virtuelle Wirklichkeit in der oder mit der die Agenten interagieren. Die Umwelt wird in ABM-Simulationen meistens als zweidimensionales Feld, bzw., zur Vermeidung der Grenzproblematik von zweidimensionalen Feldern, oft auch als Torus dargestellt. Es kann sich dabei auch um einen „Wissensraum" handeln.

---

[6] Bronstein, Semendjajew, Musiol, Mühlig: Taschenbuch der Mathematik. Verlag Harri Deutsch, 2000, S. 804.

[7] Wooldridge & Jennings: Intelligent Agents: Theory and practice, Knowledge Engineering Review, 1995.

1.3 Überblick

Kurzbeschreibung der folgenden Kapitel und Abschnitte:

- Kapitel 2: In diesem Kapitel wird das Fundament zur weiteren Untersuchung der Korruption gelegt, indem der Stand der Forschung der beteiligten Disziplinen beschrieben wird.
  - Abschnitt 2.1: Hier wird der Stand der Forschung auf dem Gebiet der Automatentheorie skizziert.
  - Abschnitt 2.2: Hier wird der Stand der Forschung auf dem Gebiet der Spieltheorie skizziert.
  - Abschnitt 2.3: Hier werden sozialwissenschaftliche Erkenntnisse und relevante Statistiken vorgestellt.
- Kapitel 3: In diesem Kapitel wird einer von zwei Schwerpunkten dieser Arbeit formuliert, nämlich die Umsetzung der vorhandenen Erkenntnisse in ein spieltheoretisches Modell.
  - Abschnitt 3.1: In diesem Abschnitt wird die Konzeption der Umsetzung in ein spieltheoretisches Modell beschrieben.
  - Abschnitt 3.2: In diesem Abschnitt wird das spieltheoretische Modell der Korruption erzeugt.
  - Abschnitt 3.3: In diesem Abschnitt wird das spieltheoretische Modell der Korruption auf die ESS-Eigenschaft untersucht.
- Kapitel 4: In diesem Kapitel wird der zweite Schwerpunkt dieser Arbeit formuliert, nämlich die Umsetzung der vorhandenen Erkenntnisse in ein Agenten-basiertes-Modell.
  - Abschnitt 4.1: In diesem Abschnitt wird die Konzeption der Umsetzung in ein Agenten-basiertes-Modell beschrieben.
  - Abschnitte 4.2 bis 4.4: In diesen Abschnitten wird auf entsprechende Kommentare im Quelltext zur Programmierung des ABM verwiesen.
  - Abschnitt 4.5: In diesem Abschnitt wird eine Anleitung zur Arbeit mit dem ABM gegeben.
- Kapitel 5: In diesem Kapitel werden die Ergebnisse identifiziert und bewertet.

- Kapitel 6: Dieses Kapitel regt an, wie die Erkenntnisse dieser Arbeit durch weitere Forschung erweitert und bestätigt werden können.

- Kapitel 7: Fazit.

2 Stand der Forschung

Theorien und empirische Daten

Bei der hier vorliegenden Untersuchung der Korruption wurden aktuelle Erkenntnisse der Automatentheorie und der Spieltheorie, sowie der Wirtschaftsethik verwendet.

2.1 Automatentheorie

Aus dem Bereich der Automatentheorie wurden zur Erörterung des Forschungsstands Turingmaschinen, zelluläre Automaten und Agenten-basierte Modellierung näher betrachtet.

2.1.1 Turingmaschinen

Im Jahre 1936 entwickelte der britische Mathematiker Alan Turing anlässlich seiner Studien zum Begriff der mathematischen Berechenbarkeit die nach ihm benannte Turingmaschine. Turing beabsichtigte die Schaffung eines Modells, dass in der Lage sein würde, menschliche mathematische Denkprozesse nachzubilden. Eine Zielstellung dabei war, mit möglichst wenig elementaren Operationen auszukommen. Schließlich konnte er seine Ideen mit lediglich drei Operationen umsetzen (lesen, schreiben, Kopf bewegen). Turingmaschinen können alle Berechnungen durchführen, zu denen ein Computer, bzw. Menschen in der Lage sind, jedoch gibt es nach Turing[8] unendlich viele nichtberechenbare mathematische Probleme. Eine berühmte Beschränkung der Berechenbarkeit von mathematischen Problemen wird durch das „Halteproblem"[9] definiert.

Eine Turingmaschine besteht aus lediglich drei Bauteilen, dem „Schaltwerk", dem „Tape" und dem „Schreib-Lese-Kopf". Das Schaltwerk besitzt eine feste Anzahl von Zuständen. Das Tape, oder Band, ist unendlich lang und besteht aus einzelnen Speicherzellen („Feldern"), in denen jeweils nur ein Zeichen abgelegt oder gelesen werden kann. Leerzeichen sind erlaubt. Das Tape bewegt sich, in Abhängigkeit von der gegebenen Startposition und dem Startzustand der Turingmaschine, „über" dem ruhenden Schreib-Lese-Kopf feldweise nach links oder rechts. Man kann sich allerdings auch vorstellen, dass sich der Schreib-Lese-Kopf über das Tape bewegt. Dieser Betrachtungsweise wird in den

---

[8] Turing, Alan: On Computable Numbers, with an Application to the Entscheidungsproblem. Proceedings of the London Mathematical Society, Serie 2, Nr. 42, 1936, S. 230-265

[9] Eine Erläuterung des Halteproblems erfolgt auf den nächsten Seiten.

folgenden Ausführungen der Vorzug gegeben. Je nach dem Zustand der Turingmaschine und dem gerade gelesenen Zeichen, bewegt sich der Schreib-Lese-Kopf also zu dem links oder rechts benachbarten Feld. Gegebenenfalls wird vor der Bewegung das gerade gelesene Zeichen überschrieben. Das Tape ist zu Beginn ein Speicher-Medium für die Eingaben. Wenn die Turingmaschine in einen bestimmten Endzustand kommt, bleibt sie stehen. Das Tape dient dann als Ausgabe-Medium.

Ein Schritt einer Turingmaschine beinhaltet folgende Aktionen:

- Der Schreib-Lese-Kopf liest das über ihm befindliche Zeichen.

- Das Schaltwerk berechnet aus seinem gegenwärtigen Zustand und dem gelesenen Zeichen ein neues Zeichen.

- Der Schreib-Lese-Kopf überschreibt das Zeichen.

- Das Schaltwerk berechnet aus seinem gegenwärtigen Zustand und dem gelesenen Zeichen die Bewegungsrichtung für den Schreib-Lese-Kopf.

- Der Schreib-Lese-Kopf wird um eine Zelle nach links oder rechts bewegt.

- Das Schaltwerk berechnet aus seinem gegenwärtigen Zustand und dem gelesenen Zeichen einen neuen Zustand.

- Das Schaltwerk geht in den neuen Zustand über.

Zur Frage der grundsätzlichen Berechenbarkeit wird nach Rechenberg[10] das oben angesprochene Halteproblem wie folgt beschrieben: „Gibt es ein Programm, das entscheidet, ob ein beliebiges gegebenes Programm für beliebige gegebene Eingabeparameter anhält? Die Antwort liefert der Fundamentalsatz der Nichtberechenbarkeit. Es gibt kein solches Programm."

2.1.2 Zelluläre Automaten

Gilt John von Neumann als Vater der Spieltheorie und Alan Turing als Begründer der Automatentheorie, so gilt der britische Mathematiker und Physiker Stephen Wolfram als Pionier der zellulären Automaten. Aufbauend auf Arbeiten von Stanislaw Ulam und John von

---

[10] Rechenberg, Peter: Was ist Informatik? Hanser Fachbuch, 2000, S. 169

Neumann[11] baute Wolfram die Idee der zellulären Automaten zu einer „Neuen Wissenschaft"
aus. In seinem Hauptwerk „A New Kind of Science" beschreibt er, wie aus einer
eindimensionalen Konfiguration von Zellen und sehr einfachen Bildungsregeln komplexe
räumliche Muster entstehen können, die zur Modellierung dynamischer Systeme dienen
können. Zentrale Idee seines Werks ist das Prinzip der „Computational Equivalence"[12],
wonach jeder Prozess der Wirklichkeit als eine Berechnung betrachtet werden kann. Nach
Wolfram soll es prinzipiell möglich sein, mit Hilfe von Algorithmen alle Erscheinungen der
Wirklichkeit computergestützt modellieren zu können. Er spricht gar vom Universum als
einem gigantischen zellulären Automaten.

Die Bildungsregeln, denen die Entstehung neuer Zellen (bzw. deren Färbung im nächsten
Schritt) in einem zellulären Automat unterliegt, betrachten stets die benachbarten Zellen einer
Zellkonfiguration. Dabei kann es sich um ein- oder zweidimensionale Zellraster handeln (die
Ein-Dimensionalität äußerst sich darin, dass die Zellen nur in eine Richtung neu gebildet
werden können), oder um räumliche Raster. Je nach der Anordnung der Nachbarzellen ändert
sich die Farbe einer Zelle nach einem nächsten diskreten Schritt oder sie ändert sich nicht. Die
Zellen stellt man sich üblicherweise als Quadrate, bzw. bei dreidimensionalen
Konfigurationen, als Würfel vor. Zwei Nachbarschaftskonfigurationen haben in diesem
Zusammenhang für zweidimensionale zelluläre Automaten eine herausragende Bedeutung,
nämlich die von-Neumann-Nachbarschaft und die Moore-Nachbarschaft. In der Moore-
Nachbarschaft gelten solche Zellen als Nachbarn, die mindesten eine Ecke gemeinsam haben.
So hat eine Zelle in einer Moore-Nachbarschaft acht Nachbarn. In der von-Neumann-
Nachbarschaft gelten solche Zellen als Nachbarn, die mindesten eine Kante gemeinsam
haben. So hat eine Zelle in einer von-Neumann-Nachbarschaft vier Nachbarn.

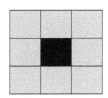

Abbildung 1: Moore-Nachbarschaft. Abbildung selbst angefertigt.

---

[11] John von Neumann entwickelte zelluläre Automaten, um ein abstraktes Modell der biologischen
Reproduktion zu gewinnen, was ihm schließlich durch den Einsatz sehr komplizierter Regeln gelang.

[12] Wolfram, Stephen: A New Kind of Science. Wolfram Media Inc., 2002, S. 715-846

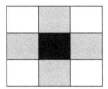

Abbildung 2: von-Neumann-Nachbarschaft. Abbildung selbst angefertigt.

Wolfram begann seine Experimente mit eindimensionalen zellulären Automaten, die ausschließlich schwarze oder weiße Zellen bilden konnten und betrachtete lediglich die Zelle selbst und deren unmittelbare Nachbarschaft rechts und links. Folglich kann es nur 256 Regeln geben, nach folgendem Schema:

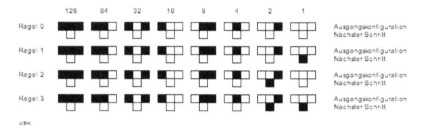

Abbildung 3: Schema Bildungsregeln für eindimensionale zelluläre Automaten. Abbildung selbst angefertigt.

Wolfram entdeckte, dass trotz dieser unbestreitbar einfachen Regeln, verblüffend komplexe Muster entstehen können. Die Anwendung von Regel 30 beispielsweise ergibt nach 250 Schritten das folgende Muster:

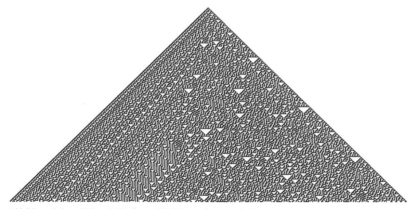

Abbildung 4: Regel 30 nach Wolfram. Abbildung selbst angefertigt.

Wolfram's Untersuchungen mündeten schließlich in die Formulierung der sogenannten Wolfram-Klassen[13]. In Klasse I ist das Verhalten sehr einfach und mündet in das gleiche Endstadium. In Klasse II kann es viele verschiedene Endstadien geben, jedoch zeigen alle nur einfache Strukturen, die entweder unveränderlich sind, oder sich nach einigen Schritten wiederholen. Das Verhalten in Klasse III ist komplizierter aber nur dem Schein nach zufällig, - gewöhnlich werden Dreiecke und andere geordnete Strukturen sichtbar. Klasse IV schließlich repräsentiert eine Mischung aus Ordnung und Zufall:

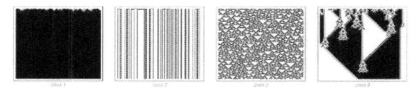

Abbildung 5: Beispiele für die Wolfram-Klassen. Wolfram, Stephen: A New Kind of Science. Wolfram Media Inc., 2002, S. 231.

Das bemerkenswerte an den Wolfram-Klassen ist, dass es nicht darauf ankommt welche Art von Computerexperiment gewählt wird, egal ob eindimensionale, zweidimensionale, dreidimensionale zelluläre Automaten mit schwarz-weißen Zellen oder andersfarbigen Zellen, beliebige Nachbarschafts- und Bildungsregeln, mobile Automaten, Turingmaschinen oder Substitutionssysteme: Die Ergebnisse lassen sich immer in die Wolfram-Klassen einordnen.

Wolfram entdeckte weiterhin, dass sich morphologisches Wachstum in der Natur prinzipiell durch zelluläre Automaten erklären lässt. Die folgenden Wachstumssimulationen sind visuell beeindruckende Resultate der Erforschung der dreidimensionalen zellulären Automaten:

---

[13] Wolfram, Stephen: A New Kind of Science. Wolfram Media Inc., 2002, S. 231.

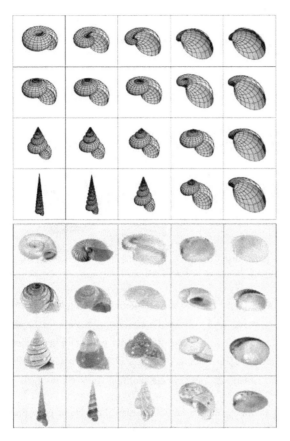

Abbildung 6: Beispiele für Modellierung von Formen, die in der Natur vorkommen. Wolfram, Stephen: A New Kind of Science. Wolfram Media Inc., 2002, S. 416.

Schließlich unterscheidet man noch die mobilen Automaten, die sich durch entsprechende Bildungsregeln über ein Raster bewegen können. Ein bekanntes Beispiel dazu ist „The game of Life", das vom britischen Mathematiker John Conway im Jahre 1970 erdacht wurde. Berühmtheit erlangte es durch eine Veröffentlichung in dem populärwissenschaftlichen US-amerikanischen Magazin „Scientific American"[14].

---

[14] Gardner Martin: The fantastic combinations of John Conway's new solitaire game „life". Scientific American 233, 1970, S. 120-123.

Überträgt man schließlich das Prinzip der zellulären Automaten auf Automaten, die nach bestimmten Regeln interagieren können, so kommt man zur Agenten-basierten Modellierung, die im folgenden Abschnitt näher betrachtet wird.

2.1.3 Agent Based Modeling

Wie in der Begriffsbestimmung bereits kurz beschrieben, ist die Agenten-basierte Modellierung eine Methode zur computergestützten Erzeugung von Modellen, mit denen der Forschende komplexe Entscheidungssituationen simulieren kann. (Die praktische Vorgehensweise stützt sich dabei auf mobile zelluläre Automaten, wie oben beschrieben.) Oftmals ist es in wirtschaftswissenschaftlichen Untersuchungen unmöglich oder ungewollt Experimente durchzuführen. Beispielsweise würde es von der Bevölkerung eines modernen Staates nicht toleriert werden, wenn man in aller Bandbreite zinspolitische oder ähnliche Experimente zur Erforschung ihrer Auswirkungen auf den Arbeitsmarkt durchführen würde. Die ABM ist ein gut geeignetes Werkzeug, um entsprechende Simulationen durchzuführen, sodann können deren Ergebnisse, zum Beispiel Empfehlungen, gegebenenfalls in praktische Maßnahmen umgesetzt werden.

Großes Aufsehen erregte am 23.03.2009 ein Vortrag von Dr. Stefan Thurner von der Medizinischen Universität Wien als Leiter der Complex Research Group, im Rahmen der Annual Conference 2009 der Deutschen Physikalischen Gesellschaft. In seinem Vortrag mit dem Titel „Anatomy of financial crashes: an agent based model of the leverage cycle"[15], beschreibt Dr. Thurner seine Arbeiten an einem Agenten-basierten Modell zur Untersuchung und Vorhersage finanzieller Crashs. Vor dem Hintergrund der globalen Finanzkrise haben die ABM durch den Vortrag von Dr. Thurner weltweite Aufmerksamkeit und Anerkennung erlangt.

ABM können in allen, vorzugsweise objektorientierten Programmiersprachen entwickelt werden. Es stehen dem Forschenden jedoch kostenlos im Internet erhältliche ABM-Entwicklungsplattformen zur Verfügung, sodass im Normalfall keine Notwendigkeit besteht, das „Rad neu zu erfinden".

---

[15] Thurner, Stefan: Anatomy of financial crashes. Verhandlungen der Deutschen Physikalischen Gesellschaft, AGSOE, 2009.

Zu den frei bzw. per GPL erhältlichen ABM-Programmen zählen Swarm, Repast, Mason und NetLogo. In dieser Arbeit wurde die ABM-Simulation mit dem Tool von NetLogo erstellt (Programmiersprache: NetLogo).

Es folgt ein Beispiel zum Thema Altruismus, verfügbar in der Standard-Bibliothek von NetLogo[16], v4.03:

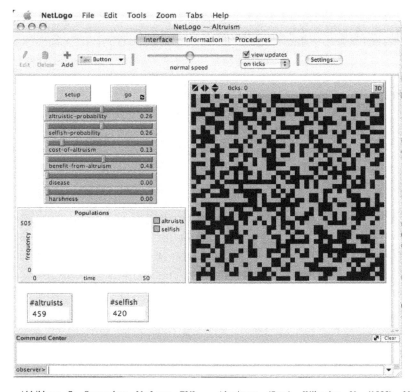

Abbildung 7: Screenshot: NetLogo GUI – Altruismus (Start). Wilensky, U. (1999). NetLogo. http://ccl.northwestern.edu/netlogo. Center for Connected Learning and Computer-Based Modeling. Northwestern University, Evanston, IL

---

[16] Auf der NetLogo Homepage (http://ccl.northwestern.edu/netlogo/) befindet sich ein hervorragendes Tutorial für die Handhabung des NetLogo-Interfaces.

Im Beispiel ist gut zu sehen, welche Auswirkungen die gesetzten Parameter auf das Ergebnis haben. Mit einer Altruismus-Wahrscheinlichkeit von .26 und einer Egoismus-Wahrscheinlichkeit von ebenfalls .26, einem negativen Nutzen (cost) des Altruismus von .13 und einem positiven Nutzen (benefit) von .48, setzt sich in einer gemischten Startkonfiguration (mit leichten Vorteilen für die Altruisten) schließlich der Egoismus (grün) durch, da die Programmierung der egoistischen Agenten eine größere Dominanz abbildet:

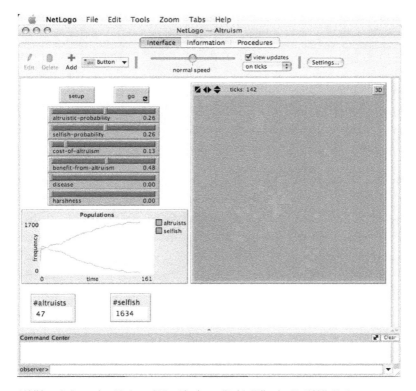

Abbildung 8: Screenshot: NetLogo GUI – Altruismus (Ende). Wilensky, U. (1999). NetLogo. http://ccl.northwestern.edu/netlogo. Center for Connected Learning and Computer-Based Modeling. Northwestern University, Evanston, IL.

Ein vollständiges Handbuch zur Verwendung und Programmierung der NetLogo-Oberfläche steht auf der NetLogo-Website mit der folgenden URL kostenlos zur Verfügung: http://ccl.northwestern.edu/netlogo/docs/

Das Copyright für das NetLogo-Handbuch liegt bei Uri Wilensky (Copyright 1999-2008). Die kostenlose Vervielfältigung zu Forschungs- und Lehrzwecken ist ausdrücklich erlaubt.

2.2 Spieltheorie

Für die Modellierung von Korruption boten sich bei der Auswahl der Lösungsansätze zunächst scheinbar zwei Möglichkeiten an, zum einen die Entscheidungstheorie und zum anderen die Spieltheorie. In dieser Arbeit wurde dem spieltheoretischen Ansatz schließlich der Vorzug gegeben, weil die Entscheidungen der Akteure nicht, wie in der Entscheidungstheorie vorausgesetzt, als von der „Natur" (oder „Umwelt") gegeben betrachtet werden, sondern vielmehr von diesen interaktiv getroffen werden. Diese interaktive Einflussnahme in den Spielverlauf und damit auf die Ergebnisse des Gegenspielers ist aber charakteristisch für die Spieltheorie. Wie in 1.2.2 bereits erwähnt, wird die kooperative Spieltheorie in dieser Arbeit nicht weiter beachtet, da sie für die Problemstellung per definitionem nicht relevant ist. Relevant sind dagegen die nichtkooperative Spieltheorie, sowie die evolutionäre Spieltheorie.

Eine für diese Arbeit zweckmäßige Aufteilung der Spieltheorie in die angesprochenen Teilgebiete wird in der folgenden Darstellung gegeben. Zu beachten ist, dass die noch junge Wissenschaft der Spieltheorie ständig stark weiter entwickelt wird, so dass diese Übersicht keineswegs Anspruch auf Vollständigkeit erhebt. Außer den in der Abbildung genannten Spielen existiert schon heute eine Vielzahl weiterer Spielvariationen, die im Rahmen dieser Arbeit nicht alle angesprochen werden können. Die hier vorgestellten Spiele zeigen jedoch die wichtigsten Methoden und Strategievariationen der nichtkooperativen Spieltheorie und stellen somit einen soliden Querschnitt des aktuellen Forschungsstands dar.

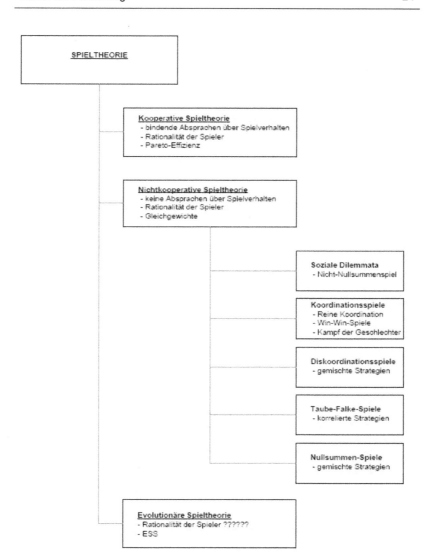

Abbildung 9: Überblick über die Spieltheorie. Selbst angefertigt.

2.2.1 Nichtkooperative Spiele

Anwendung:

Die spieltheoretische Analyse eines strategischen Entscheidungsproblems ist die Grundvoraussetzung für die Anwendung der Spieltheorie und muss sich nach Holler und Illing mit zwei Fragen auseinandersetzen[17]:

- Welche ist die geeignete Darstellungsform? Je nach Entscheidungssituation stehen die Normalform, die Extensivform oder die Agentennormalform zur Wahl. Dabei ist abzuwägen, welche Darstellungsform die wesentlichen Aspekte der Spielsituation am besten erfasst.

- Wie lautet die Lösung des Spiels? Dabei soll ein geeignetes Lösungskonzept gewählt oder entwickelt werden, das Strategiekombinationen ermittelt, die bei rationalem Verhalten der Spieler zu erwarten sind.

Grundsätzlich sollte untersucht werden, welche Interessenskonstellation zwischen den Akteuren einer Entscheidungssituation vorliegt. Dann muss entschieden werden, welche Spielart diese Konstellation am besten abbildet und welche Darstellungsform sie am besten modelliert. Auf die Modellierung können dann entsprechende Lösungskonzepte angewandt werden.

Situationsanalyse und Festlegung der Spielart:

Je nach der Interessenskonstellation, die einer konkreten Entscheidungssituation innewohnt, wählt der Spieltheoretiker eine geeignete Spielart aus, auf die er schließlich ein entsprechend zugeschnittenes Lösungskonzept anwenden kann. Dazu muss er die gegebene Situation gründlich analysieren, d.h. er untersucht, ob die Interessen der Akteure sich gegenseitig ausschließen (Nullsummenspiele[18]), ob teilweise gemeinsame Interessen (Soziale Dilemmata[19]) oder vollständig gemeinsame Interessen (Koordinationsspiele[20]) vorliegen.

---

[17] vgl. Holler und Illing: Einführung in die Spieltheorie. Springer-Verlag, 1996, S. 2.

[18] Siehe Abschnitt 2.1.2.1.3 „Diskoordinationsspiele".

[19] Siehe Abschnitt 2.1.2.1.1 „Soziale Dilemmata".

[20] Siehe Abschnitt 2.1.2.1.2 „Koordinationsspiele".

Festlegung der Darstellungsform:

Spiele im Sinne der Spieltheorie werden üblicherweise auf drei Arten dargestellt: In der Normalform (Matrix-Darstellung), in der Extensivform (Spielbaum-Darstellung) und in der Agentennormalform. Die Auswahl erfolgt offensichtlich in Abhängigkeit von der gegebenen Problemstellung. Es existieren in der Literatur weitere Darstellungsformen (z.B. Koalitionsform), die aber für die weiteren Ausführungen im Rahmen dieser Arbeit nicht relevant sind.

Normalform:

Die Normalform ist eine Darstellungsform, die nicht alle Aspekte (z.B. chronologische Situationen), eines Spiels darstellen kann. Oft ist dies aber unerheblich. Die Normalform hat den Vorteil der Übersichtlichkeit und beinhaltet implizit die Gleichzeitigkeit der Spielzüge. Sie unterstützt visuelle Lösungen, z.B. das Streichen von dominierten Strategien und schnelles Auffinden von Nash-Gleichgewichten in einfachen Konstellationen.

Beispiel:

		Spieler 2	
		links	rechts
Spieler 1	oben	2,1	1,0
	unten	1,0	0,0

Abbildung 10: Beispiel eines Bi-Matrix-Spiels. Ausführliche Variante. Selbst angefertigt.

Bei diesem einfachen Beispiel handelt es sich um ein sog. Zwei-Personenspiel in der (Bi-) Matrix-Darstellung, also der Normalform. Hier wird zur Verdeutlichung die ausführliche Variante gezeigt. Die Akteure sind Spieler 1 und Spieler 2. Die Strategien von Spieler 1 sind „oben" und „unten". Die Strategien von Spieler 2 sind „links" und „rechts". Die Tupel geben die Auszahlungen für die Spieler wieder, je nach Strategienvektor. Für Spieler 1 gelten die Zeilen-Auszahlungen, hier der linke Wert der Zahlenpaare, für Spieler 2 gelten die Spalten-Auszahlungen, also der rechte Wert der Zahlenpaare. Hier die mehr formale Variante des gleichen Beispiels:

	s_{21}	s_{22}
s_{11}	2,1	1,0
s_{12}	1,0	0,0

Abbildung 11: Beispiel für Bi-Matrix-Spiel. Formale Variante. Selbst angefertigt.

Hier wurde der Index der individuellen Strategie eines Spielers um die entsprechende Zeilen- bzw. Spaltennummer erweitert. Die obere Zeilenstrategie von Spieler 1 wäre demnach s_{11}, die untere s_{12}, die linke Spaltenstrategie von Spieler 2 wäre s_{21}, usw.

Extensivform:

Die Extensivform eignet sich besonders für dynamische Spielsituationen, in denen Spielzüge auch sequentiell erfolgen müssen, um die chronologische Wirklichkeit in geeigneter Weise abzubilden.

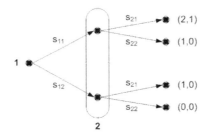

Abbildung 12: Beispiel eines Spielbaums (Extensivform). Selbst angefertigt.

Abbildung 12 zeigt das o.g. Normalform-Spiel in Extensivform. Da die Normalform-Matrix gleichzeitiges Ziehen impliziert, mussten in dieser Abbildung die beiden Entscheidungsknoten von Spieler 2 zu einem sogenannten „Informationsbezirk" zusammengefasst werden. Dabei wird angenommen, dass Spieler 1 den ersten Zug macht, in dem er sich für s11 oder s12 entscheidet und da Spieler 2 nicht weiß wie Spieler 1 sich entschieden hat, weiß er auch nicht, ob er sich gerade an dem oberen oder an dem unteren Entscheidungsknoten befindet. Damit hat diese Konstellation die gleiche Auswirkung wie gleichzeitiges Ziehen.

Agentennormalform:

Die Agentennormalform[21] betrachtet jeden Entscheidungsknoten eines Spiels als eigenständigen „Agenten". Demnach kann ein Spieler in mehrere Agenten abstrahiert werden. Sinnvoll ist dies in Spielen mit unvollkommener Information, wenn die Interessenslage der Spieler an den Entscheidungsknoten unterschiedlich sein kann.

---

[21] vgl. Selten, Reinhard: Reexamination of the Perfectness Concept for Equilibrium Points in Extensive Games.

Es gilt: $I=\{1, 2_{oben}, 2_{unten}\}$ und für die Strategiemengen:

$S_1=\{s_{11}, s_{12}\}$, $S_{2oben}=\{s_{21}, s_{22}\}$, $S_{2unten}=\{s_{21}, s_{22}\}$.

		S_{2oben}		S_{2unten}	
		s_{21}	s_{22}	s_{21}	s_{22}
s_{11}		2,1,1	1,0,0	2,1,1	1,0,0
s_{12}		1,0,0	1,0,0	0,0,0	0,0,0

Abbildung 13: Beispiel der Agentennormalform in doppelter Bimatrix-Darstellung. Selbst angefertigt.

Abgeleitete Agenten übernehmen die Auszahlungen der Spieler dessen Entscheidungsknoten sie verwalten.

Lösungskonzepte:

Für die verschiedenen Spielarten gibt es Lösungskonzepte, die im Folgenden erklärt werden.

1. Vereinfachung des Spiels durch Streichen von dominierten Strategien:

Bevor andere Lösungskonzepte angewandt werden, sollte das Spiel immer zuerst auf dominierte Strategien untersucht werden.

Definition:

Strategie s'$_i$ wird dominiert von Strategie s$_i$ wenn gilt

$u_i (s_i, s_{-i}) \geq u_i (s'_i, s_{-i})$ *für alle s$_{-i}$ und*

$u_i (s_i, s_{-i}) > u_i (s'_i, s_{-i})$ *für mindestens ein s$_{-i}$.*

Definition:

Strategie s'$_i$ wird streng dominiert von Strategie s$_i$ wenn gilt

$u_i (s_i, s_{-i}) > u_i (s'_i, s_{-i})$ *für alle s$_{-i}$.*

Beispiel:

Spieler 2

Spieler 1		links	rechts
	oben	2,1	1,0
	unten	1,0	0,0

Abbildung 14: Einfaches Beispiel eines Bi-Matrix-Spiels. Selbst angefertigt.

In diesem einfachen Beispiel ist eine zweifache Dominanz zu erkennen. Zum einen wird die Strategie „unten" des Spielers 1 von der Strategie „oben" streng dominiert. Das ist daran zu erkennen, dass alle Auszahlungen von Strategie „oben" größer sind als alle Auszahlungen der Strategie „unten", egal wie sich Spieler 2 verhält. Dazu werden die Auszahlungen wie folgt verglichen: oben-links zu unten-links 2>1, oben-rechts zu unten-rechts 1>0. Darüber hinaus wird auch die Strategie „rechts" des Spielers 2 von seiner Strategie „links" dominiert. Dazu werden die Auszahlungen wie folgt verglichen: oben-links zu oben-rechts 1>0, unten-links zu unten-rechts 0≥0. Somit liegt bei Spieler 2 zwar eine dominierte Strategie vor, jedoch keine streng dominierte Strategie.

Dominierte Strategien können in einer Matrix einfach gestrichen werden, so dass die Lösungsfindung vereinfacht wird:

Spieler 2

Spieler 1		links	~~rechts~~
	oben	2,1	~~1,0~~
	~~unten~~	~~1,0~~	~~0,0~~

Abbildung 15: Streichen von dominierten Strategien. Selbst angefertigt.

Die Lösung eines Spiels bedeutet das Finden eines rationalen Strategienvektors. In diesem Beispiel lautet die Lösung offensichtlich „oben-links", mit den best möglichen Auszahlungen von 2 für Spieler 1 und 1 für Spieler 2. Formal wäre die Lösung dieses Spiels also $s_{L\ddot{o}sung} = (s_1^{oben}, s_2^{links}) = (2,1)$.

Ein Merksatz für den Lösungsansatz der dominierten Strategien könnte somit lauten: „Spiele niemals eine dominierte Strategie!"

Bei Spielkonstellationen, die nur teilweise dominierte Strategien vorweisen, sollte man sich in die Situation des Gegenspielers versetzen und versuchen herauszufinden, welche Strategie er wählen wird. Bei der eigenen Entscheidungsfindung wird also darüber nachgedacht und dominierten Strategien rational wäre, welche gegnerische Strategie also nach der oben bereits erwähnten „Theory of Mind" zu vermuten ist.

Beispiel:

Spieler 2

		links	rechts
		links	rechts
Spieler 1	oben	2,1	1,0
	unten	1,1	2,1

Abbildung 16: Beispiel für Lösungskonzept „Theory of Mind". Selbst angefertigt.

Bei diesem Beispiel liegt für Spieler 1 keine dominierende Strategie vor, jedoch ist dies bei Spieler 2 der Fall. Bei Spieler 2 wird die Strategie „rechts" von Strategie „links" dominiert (1>0, 1≥0). Diesen Umstand kann sich Spieler 1 nach der ToM zunutze machen, denn es wird ja rationales Verhalten der Spieler vorausgesetzt. Da er die Information über die möglichen Auszahlungen beider Spieler besitzt, weiß er, dass es für Spieler 2 durch die vorliegende Dominanz nur eine rationale Entscheidungsmöglichkeit gibt, nämlich die Strategie „links". Denn nur durch diese Entscheidung bekommt Spieler 2 unabhängig von der Entscheidung des Spielers 1 in jedem Fall die Auszahlung in Höhe von 1. Folglich entscheidet sich Spieler 1 für die Strategie „oben" und erhält als Auszahlung den Wert 2.

2. Konzept des „Nash-Equilibriums":

Das Konzept des „Nash-Equilibriums" (NE) beruht auf der iterativen Anwendung des Prinzips der „Besten Erwiderung" (BE). Das Verfahren kommt dann zur Anwendung, wenn ein Spiel keine dominierten Strategien (mehr) aufweist.

Für die Beste Erwiderung gilt[22]:

$$u_i(s_i',s_{-i}) \geq u_i(s_i,s_{-i}) \forall s_i \in S_i$$

---

[22] vgl. Rieck, Christian: Spieltheorie - Eine Einführung. 2008, Christian Rieck Verlag, S. 201.

Beispiel:

		Spieler 2		
		links	mitte	rechts
	oben	0,4	4,0	5,3
Spieler 1	mitte	4,0	0,4	5,3
	unten	3,5	3,5	6,6

Abbildung 17: Beispiel für Lösungskonzept „Nash Equilibrium". Selbst angefertigt.

Da wir hier mit dem Lösungskonzept der dominierten Strategien nicht weiter kommen, wenden wir das Prinzip der Besten Erwiderung (BE) an, um das Nash-Equilibrium (NE) zu ermitteln.

Ein Strategienvektor $\hat{s} = (\hat{s}_1, ..., \hat{s}_n)$ heißt Nash-Equilibrium, wenn gilt

$$u_i(\hat{s}) \geq u_i(s_i, \hat{s}_{-i}) \forall i \in I, s_i \in S_i$$

Ein Strategienvektor $\hat{s} = (\hat{s}_1, ..., \hat{s}_n)$ heißt striktes Nash-Equilibrium, wenn gilt

$$u_i(\hat{s}) > u_i(s_i, \hat{s}_{-i}) \forall i \in I, s_i \in S_i$$

D.h., eine Strategienkombination befindet sich im Nash-Equilibrium, wenn alle Spieler wechselweise beste Erwiderungen spielen.[23]

Auf obiges Beispiel bezogen ergeben sich folgende Beste Erwiderungen:

$BE_1(links) = mitte$ $BE_2(oben) = mitte, rechts$
$BE_1(mitte) = mitte$ $BE_2(mitte) = mitte$
$BE_1(rechts) = unten$ $BE_2(unten) = links$

Kennzeichnen wir die BE des Spielers 1 in roter Farbe und die BE des Spielers 2 mit blauer Farbe, so lässt sich in der Spielmatrix leicht das NE ermitteln:

---

[23] vgl. Rieck, Christian: Spieltheorie - Eine Einführung. 2008, Christian Rieck Verlag, S. 202.

	Spieler 2		
	links	mitte	rechts
oben	0,2	2,3	4,3
Spieler 1 mitte	1,1	3,2	0,0
unten	0,3	1,0	8,0

Abbildung 18: Beispiel Lösungskonzept „Nash Equilibrium". Selbst angefertigt.

Die optimale Strategie dieses Spiels, bzw. das Nash-Equilibrium (hier Auszahlung 3,2), befindet sich demnach für beide Spieler bei der Strategie „mitte-mitte". Dabei hat keiner der Spieler einen Anreiz von diesem „strategischen Gleichgewicht" abzuweichen. Somit ist das Nash-Gleichgewicht umfassender als ein Pareto-Optimum, nach dem kein Beteiligter besser gestellt werden kann, ohne einen anderen schlechter zu stellen, denn beim Nash-Gleichgewicht kann niemand einen Vorteil durch ein Abweichen von der optimalen Strategie erlangen.

3. Weitere Lösungskonzepte:

Da eine Spielkonstellation durchaus auch mehrere Gleichgewichte haben kann, gibt es über die hier dargestellten Lösungskonzepte hinaus weitere Konzepte, wie zum Beispiel die sogenannten „Refinements[24]", die „Teilspielperfektheit[25]" und die „Gleichgewichtsauswahltheorien[26]", mit dem Ziel, eindeutige Lösungen der Spiele zu finden. Auf eine Erörterung dieser Konzepte muss im Rahmen dieser Diplomarbeit jedoch leider verzichtet werden. Daneben gibt es die Lösungstechnik der „Gemischten Strategien", die im übernächsten Abschnitt über die Koordinationsspiele näher erörtert wird.

2.2.1.1 Soziale Dilemmata

Das wohl berühmteste Beispiel für ein Problem aus der Spieltheorie ist das sog. „Gefangenen-Dilemma", das auch hier zur Veranschaulichung der wichtigsten spieltheoretischen Sachverhalte dienen soll: „Zwei Verdächtige werden in Einzelhaft

---

[24] siehe Wilson, Robert und Govindan: Refinements of Nash Equilibria. 2005, Stanford Business School Research Paper , Nummer 1897.

[25] siehe Selten, Reinhard: Multistage Game Models and Delay Supergames. Zeitschrift „Theorie and Decision", Vol. 44, Nummer 1, 1998, S. 13-14.

[26] siehe Harsanyi, John und Selten, Reinhard: A General Theory of Equilibrium Selection in Games. 1988, MIT-Press Books, The MIT Press, Edition 1, Volume 1, Nummer 0262582384.

genommen. Der Staatsanwalt ist sich sicher, dass sie beide eines schweren Verbrechens schuldig sind, doch verfügt er über keine ausreichenden Beweise, um sie vor Gericht zu überführen. Er weist jeden Verdächtigen darauf hin, dass er zwei Möglichkeiten hat: das Verbrechen zu gestehen oder aber nicht zu gestehen. Wenn beide nicht gestehen, dann, so erklärt der Staatsanwalt, wird er sie wegen ein paar minderer Delikte wie illegaler Waffenbesitz anklagen, und sie werden eine geringe Strafe bekommen. Wenn beide gestehen, werden sie zusammen angeklagt, aber er wird nicht die Höchststrafe beantragen. Macht einer ein Geständnis, der andere jedoch nicht, so wird der Geständige nach kurzer Zeit freigelassen, während der andere die Höchststrafe erhält."[27].

Hier das Gefangenen-Dilemma in der Darstellung als Ereignis-Matrix:

Spieler 2

		Nicht gestehen	Gestehen
Spieler 1	Nicht gestehen	1 Jahr, 1 Jahr	10 Jahre, 3 Monate
	Gestehen	3 Monate,10 Jahre	8 Jahre, 8 Jahre

Abbildung 19: Ereignismatrix für Gefangenen-Dilemma. Selbst angefertigt.

Diese Ereignismatrix nennt die wirklichen, objektiven Folgen der möglichen Spielausgänge. Da der Nutzen eines Spielausgangs aber üblicherweise als subjektive Auszahlung empfunden und angegeben wird, benötigen wir eine dementsprechende Auszahlungsmatrix.

Hier das Gefangenen-Dilemma in der üblichen Darstellung als Bi-Matrix in der Normalform:

	s_{21}	s_{22}
s_{11}	(3,3)	(1,4)
s_{12}	(4,1)	(2,2)

Abbildung 20: Auszahlungsmatrix Gefangenen-Dilemma. Selbst angefertigt.

Bei der Wahl der Auszahlungen wurde hier offensichtlich nur auf eine ordinale Wertigkeit Gewicht gelegt. Sofort fällt auf, dass s_{11} von s_{12} und dass s_{21} von s_{22} dominiert wird. Nach dem Eliminieren der dominierten Strategien bleibt nur die Strategienkombination $s = (s_{12}, s_{22})$ S übrig. Damit wurde ein Nash-Equilibrium gefunden.

Es folgt die graphische Darstellung des Gefangenen-Dilemmas.

---

[27] Luce / Raiffa: Games and Decisions. Wiley & Sons, 1957, S95.

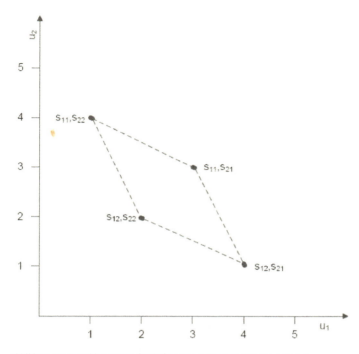

Abbildung 21: Auszahlungsraum des Gefangenen-Dilemmas. Selbst angefertigt.

Offensichtlich wäre es in diesem Fall für die Beteiligten eigentlich günstiger gewesen, sich auf $s_{11}s_{21}$ zu einigen, denn die Auszahlung ist in diesem Falle für beide höher (bei genauerem Hinsehen erkennt man, dass sogar ein Pareto-Optimum vorliegt). Gerade darin liegt aber das Dilemma, das der Staatsanwalt in dem Spiel formuliert hat. Schließlich möchte er nicht das Beste für die Gefangenen, sondern für die Gesellschaft. Der Staatsanwalt hat damit auf geniale Weise „Mechanismus-Design"[28] betrieben.

---

[28] Siehe Abschnitt 1.2.2 „Mechanismus-Design".

2.2.1.2 Koordinationsspiele

Koordinationsspiele haben mehrere NE in reinen Strategien. Wenn alle Spieler ein bestimmtes davon bevorzugen, spricht man von reiner Koordination. Wenn die Spieler unterschiedliche NE bevorzugen, so handelt es sich um einen Interessenkonflikt. Ein bekanntes Beispiel eines Interessenkonflikts in einem Koordinationsspiel ist der „Kampf der Geschlechter". Zu seiner Lösung werden „gemischte Strategien" verwendet. Gemischte Strategien sind Wahrscheinlichkeitsverteilungen über reinen Strategien. (Reine Strategien sind demnach gemischte Strategien mit der Wahrscheinlichkeit 1). Die erwartete Auszahlung einer gemischten Strategie ist der gewichtete Durchschnitt der erwarteten Auszahlung von jeder der in der gemischten Strategie enthaltenen reinen Strategien. Der Spieler entscheidet sich also für die Wahrscheinlichkeiten der reinen Strategie und überlässt das Ergebnis einem Zufallsmechanismus[29].

	s_{21}	s_{22}	
s_{11}	(2,1)	(0,0)	p=2/3
s_{12}	(0,0)	(1,2)	p=1/3
	q=1/2	q=1/2	

Abbildung 22: Auszahlungsmatrix „Kampf der Geschlechter". Selbst angefertigt.

Angenommene Wahrscheinlichkeitsverteilung der Strategien Spieler 1: p=(2/3,1/3)

Angenommene Wahrscheinlichkeitsverteilung der Strategien Spieler 2: q=(1/2,1/2)

Berechnung der erwarteten Auszahlung für Spieler 1 (nach Abschnitt 1.2.2):

$EU_{11}(s_{11},q) = [2](1/2) + [0](1/2) = 1$

$EU_{12}(s_{12},q) = [0](1/2) + [1](1/2) = 1/2$

$EU_1(p,q) = (2/3)\ EU_{11}(s_{11},q) + (1/3)\ EU_{12}(s_{12},q)$

$\qquad = (2/3)\ 1 + (1/3)\ 1/2\ =\ 2/3 + 1/6$

$\qquad = 5/6\ \approx\ 0,83$

Das Ergebnis macht hier eine gewichtete Aussage über die erwartete Auszahlung der gemischten Strategie von Spieler 1 (die offensichtlich zwischen 0,5 und 1 liegen muss).

---

[29] vgl. Rieck, Christian: Spieltheorie - Eine Einführung. 2008, Christian Rieck Verlag, S. 78.

2.2.1.3 Diskoordinationsspiele

Diskoordinationsspiele haben kein NE in reinen Strategien. Im allgemeinen Fall dieser Spielart will ein Spieler kooperieren, der andere jedoch nicht. Zu ihrer Lösung werden üblicherweise gemischte Strategien verwendet.

Nullsummenspiele sind spezielle Diskordinationsspiele. Die Spieler haben ausschließlich gegensätzliche Interessen. Was der eine gewinnt, verliert der andere. Gewinne lassen sich also nur auf Kosten anderer erzielen. In der Summe ergeben die Auszahlungen immer Null, daher kann in der Darstellung auf die Angabe des zweiten Zahlenwerts der Tupel verzichtet werden.

Beispiel:

	s_{21}	s_{22}	s_{23}
s_{11}	2	1	2
s_{12}	3,5	2,5	4
s_{13}	1,5	0,5	1

Abbildung 23: Auszahlungsmatrix Nullsummenspiel. Selbst angefertigt.

Zur Lösung von Zwei-Personen-Nullsummenspielen wird die Maximin-, bzw. Minimax-Strategie angewendet:

	s_{21}	s_{22}	s_{23}	min u_1 (s_1,s_2)
s_{11}	2	1	2	1
s_{12}	3,5	**2,5**	4	**2,5**
s_{13}	1,5	0,5	1	0,5
max u_1 (s_1,s_2)	3,5	**2,5**	4	

Abbildung 24: Auszahlungsmatrix Nullsummenspiel. Selbst angefertigt.

Dabei untersucht Spieler 1 die Zeilen und wählt daraus die kleinsten Auszahlungen aus und Spieler 2 untersucht die Spalten und wählt daraus die größten Auszahlungen. Spieler 1 wählt dann aus den auf diese Weise erhaltenen Werten den größten aus und Spieler 2 wählt unter seinen Werten den kleinsten aus. Das Resultat s_{12},s_{22} ist ein NE und wird „Sattelpunkt"[30] genannt.

---

[30] von Neumann, John: Mathematische Annalen, Volume 100 - Zur Theorie der Gesellschaftsspiele. Springer Verlag, 1928, S. 295-320.

2.2.2 Evolutionäre Spieltheorie

Die evolutionäre Spieltheorie hat ihre Wurzeln in der Biologie. Sie wurde im Jahr 1982 von John Maynard Smith in dem Standardwerk „Evolution and the Theory of Games" definiert. Ein Unterschied zu anderen Spielarten besteht darin, dass die Akteure nicht rational handeln, sondern „darwinistisch" um Ressourcen „kämpfen" und so die Rationalität quasi durch die Folgen eines Selektionsmechanismus gegeben ist. Das Hauptkonzept der evolutionären Spieltheorie sind Evolutionsstabile Strategien (ESS)[31]. Eine Strategie in diesem Sinne ist ein Verhaltenskonzept, das sich durch natürliche Selektion in einer Population durchsetzt und von neuen Verhaltensmustern, die nur in geringer Zahl auftreten, nicht verdrängt werden kann. Zur Veranschaulichung erdachte Smith das „Taube-Falke-Spiel" (engl. „The Hawk-Dove game"). Die Auszahlungen reflektieren bei diesem berühmten Spiel die biologische „Fitness", d.h. die Zahl der Nachkommen, die ein Akteur durch das Spielen einer Strategie erwarten darf:

	s_{21} (Taube)	s_{22} (Falke)
s_{11} (Taube)	(11,11)	(7,15)
s_{12} (Falke)	(15,7)	(1,1)

Abbildung 25: Auszahlungsmatrix Taube-Falke Spiel. Selbst angefertigt.

Bei diesem Beispiel ging Smith davon aus, dass die Spieler genetisch bedingt nur eine bestimmte Strategie spielen können, ein sogenanntes geschlossenes Verhaltensprogramm und dass die Vermehrung ungeschlechtlich erfolgt, Veränderungen der Gene demnach nur in Form von seltenen Mutationen möglich sind. (Heute spricht man auch von kultureller Evolution, wonach sogenannte „meme", in sprachlicher Anlehnung an „Gene", an die Nachfahren weitergegeben werden, z.B. durch Traditionen oder entsprechende Sozialisierung.) Das Spiel wird als Populationsspiel betrieben, d.h. die Spieler werden durch einen Zufallsmechanismus aus einer großen Menge von Individuen ausgewählt und das Spiel wird sehr oft wiederholt. Die Spieler sind sich vor und nach dem Spiel unbekannt. Spieler mit dem Verhaltensmuster „Falke" treten den Gegenspielern aggressiv gegenüber und drohen bzw. kämpfen beispielsweise um Ressourcen, die für das Überleben der Nachkommen notwendig sind. „Tauben" dagegen handeln friedfertig und flüchten, wenn sie auf kampfbereite Gegenspieler treffen. Trifft ein Falke also auf eine Taube, so ist der Falke im Vorteil und erhält eine sehr hohe Auszahlung. In einer reinen Tauben-Population würden

---

[31] vgl Smith, John Maynard: Evolution and the Theory of Games. Cambridge University Press, 1982, S. 11.

sich die Falken daher sehr schnell ausbreiten. Ab einem bestimmten Populationsanteil würden sie sich allerdings auch schnell wieder gegenseitig dezimieren, denn, trifft der Falke auf einen Falken, so kommt es zum Kampf und die Auszahlung ist in diesem Fall extrem niedrig. So wäre es für Mutanten mit dem Tauben-Gen in einer reinen Falken-Population zunächst ebenfalls relativ leicht, sich zu verbreiten, denn die Auszahlung gegenüber Falken wäre um einiges höher als die Auszahlung Falke-Falke. Um in diesem Spiel die ESS zu ermitteln, und damit die Zusammensetzung, gegen die die Population in der Natur konvergieren würde, berechnet man das gemischte Nash-Gleichgewicht. Die Wahrscheinlichkeiten über den reinen Strategien der Spieler werden in der Evolutionären Spieltheorie üblicherweise wie folgt notiert: Strategie Taube von Spieler 1 gleich p, Falke gleich 1-p. Für Spieler 2 ist Taube gleich q, Falke gleich 1-q. Da hier symmetrische Auszahlungen vorliegen, sind p und q gleich. Die erwartete Auszahlung wird mit E bezeichnet:

Erwartete Auszahlung E von Spieler 1 von Taube gegen Spieler 2 (q,1-q) = q[11]+(1-q)[7] = 11q +7-7q = 4q+7

Erwartete Auszahlung E von Spieler 1 von Falke gegen Spieler 2 (q,1-q) = q[15]+(1-q)[1] = 15q+1-q = 14q+1

NE : 4q+7 = 14q+1 ⇒ q = 0,6

Dabei beträgt E(p) = (4q+7) + (14q+1) = 9,4 + 9,4 = 18,8

Erwartete Auszahlung E von Spieler 2 von Taube gegen Spieler 1 (p,1-p) = p[11]+(1-p)[7] = 11p+7-7p = 4p+7

Erwartete Auszahlung E von Spieler 2 von Falke gegen Spieler 1 (p,1-p) = p[15]+(1-p)[1] = 15p+1-p = 14p+1

NE : 4p+7 = 14p+1 ⇒ p = 0,6

Dabei beträgt E(q) = (4p+7) + (14p+1) = 9,4 + 9,4 = 18,8

Möchte man formell untersuchen, ob eine ESS vorliegt, so müssen die folgenden Bedingungen[32] erfüllt sein:

1. $E(p,p) \geq E(q,p) \; \forall \; q$

---

[32] vgl. Binmore, Kenneth G. & Samuelson, Larry: Evolutionary stability in repeated games played by finite automata. Journal of Economic Theory, 1992, vol. 57(2), S. 278-305.

und falls E(p,p) = E(q,p), so muss gelten

2.   E(p,q) > E(q,q) ∀ q ≠ p.

Dies ist aber im vorliegenden Beispiel der Fall, denn

1.   E(p,p) ≥ E(q,p) ⇒ 18,8+18,8 ≥ 18,8 +18,8   ⇒ 37,6 ≥ 37,6

und

2.   da im Modell kein q ungleich p existiert, ist auch die zweite Bedingung erfüllt.

Ergebnis: Es liegt eine ESS vor. In diesem Spiel würde die evolutionär stabile Strategie bei einem Mix von 60/40 (Taube/Falke) liegen.

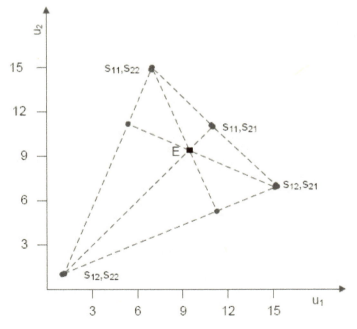

Abbildung 26: Auszahlungsraum des Taube-Falke-Spiels. Punkt E gibt die erwartete Auszahlung der gewichteten reinen Strategien an. Selbst angefertigt.

2.3 Korruption und Wirtschaftsethik

Korruption ist der „Missbrauch eines öffentlichen Amtes, einer Funktion in der Wirtschaft oder eines politischen Mandates zugunsten eines Anderen, auf dessen Veranlassung oder Eigeninitiative, zur Erlangung eines Vorteils für sich oder einen Dritten, mit Eintritt oder in Erwartung des Eintritts eines Schadens oder Nachteils für die Allgemeinheit oder für ein Unternehmen"[33].

Die Korruption als Tatbestand der Wirtschaftskriminalität verursacht enorme wirtschaftliche aber auch immaterielle Schäden, wie zum Beispiel der Vertrauensverlust von Bürgern gegenüber korrupten staatlichen Institutionen. Schärfere Gesetze und harte Strafen haben das Problem in der Vergangenheit nicht lösen können, weil in der Bevölkerung teilweise gar kein Unrechtsbewusstsein vorliegt. Daher gehört das Thema auch in den Bereich der Wirtschaftsethik.[34]

2.3.1 Das Problem der Korruption

In der Korruption ist der Vorteil den die Täter durch ihr Verhalten erreichen, stets ein Nachteil für das Umfeld in dem sie leben. Korruption führt durch Wettbewerbsverzerrung zu höheren Preisen und verminderter Qualität. Laut konservativen Schätzungen der Weltbank entstehen den Volkswirtschaften der Erde jährlich ein Schaden von mindestens einer Billion Dollar durch die Folgen von Korruption[35]. Das Dilemma der Korruption liegt darin: Je weniger Unternehmen sich daran beteiligen, desto lukrativer und damit reizvoller wird sie. Mitarbeiter, die sich gegen korrupte Praktiken wehren oder korruptes Verhalten anderer anzeigen, werden oft als Nestbeschmutzer und Denunzianten gemobt[36]. Und natürlich liegt die Beweislast beim Ankläger. So zitiert das Nachrichten-Magazin „Der Spiegel" das BKA wie folgt: „Nach Angaben des Bundeskriminalamtes bleiben 90 bis 95 Prozent der Korruptionsfälle unentdeckt.[34]" Die Aufklärungsrate liegt demnach bei durchschnittlich

[33] vgl. Vahlenkamp, Werner und Knauß, Ina: Korruption: Ein unscharfes Phänomen als Gegenstand zielgerichteter Prävention. BKA-Forschungsreihe Band 33, 1995, S.20f.

[34] vgl. Pies, Ingo: Wirtschaftsethik-Studie Nr. 2005-2. 2005, Lehrstuhl für Wirtschaftsethik, Martin-Luther-Universität Halle-Wittenberg.

[35] http://www.worldbank.org/wbi/governance/briefs.html 29.05.2009 („The Costs of Corruption").

[36] http://www.spiegel.de/politik/deutschland/0,1518,324119,00.html, 05.06.2009, („Krebsgeschwür der Erde").

7,5%. Bei 9563[37] Korruptionsstraftaten im Jahre 2007 macht das eine geschätzte durchschnittliche Gesamtzahl von 127.500 Korruptionsfällen. Auf ein Ermittlungsverfahren kommen demnach im Durchschnitt etwa dreizehn Korruptionsstraftaten. Der monetäre Wert eines Vorteils beträgt im Durchschnitt EUR 16.835[38]. Zwei Drittel aller Korruptionsverfahren wurden aufgrund von externen Hinweisen eingeleitet[35].

2.3.2 Die Entstehung von Korruption

Korruption war im Mittelalter eine legitime Form der Bezahlung von Staatsdienern, die nur einen Teil ihres Einkommens vom Staat erhielten. Die so genannten „Sporteln" dienten offiziell dazu, die Besoldung der Beamten aufzubessern. So ist es auf eine gewisse Weise verständlich, dass die Korruption im kleinen Rahmen noch heute als Kavaliersdelikt angesehen, bzw. als wirtschaftlich notwendiges Übel betrachtet wird und damit eine breite inoffizielle Akzeptanz erfährt. („Der Ehrliche ist der Dumme.")

2.3.3 Arten von Korruption

Unterschieden wird die aktive von der passiven Korruption. Derjenige der einen Vorteil gewährt, ist aktiv, derjenige der den Vorteil annimmt, passiv korrupt. Der Gesetzgeber differenziert darüber hinaus die Begriffe der Bestechlichkeit und der Bestechung und unterscheidet im Strafmaß zwischen Korruption im Amt und Straftaten im geschäftlichen Verkehr[39]. Das Bundeskriminalamt unterscheidet weiter zwischen situativer (spontaner) und struktureller (geplanter) Korruption[40]. Die folgende Abbildung betrachtet die Verteilung von Korruption in den gesellschaftlichen Bereichen:

---

[37] vgl. Bundeskriminalamt: Korruption Bundeslagebild 2007.

[38] vgl. Bundeskriminalamt: Korruption Bundeslagebild 2007, S. 14-15, sowie Durchschnittsverdienst BRD 2008: 41509 EUR. Statistisches Bundesamt, http://www.destatis.de/jetspeed/portal/cms/Sites/ destatis/Internet/DE/Navigation/Statistiken/VerdiensteArbeitskosten/VerdiensteArbeitskosten.psml

[39] vgl. StGB der Bundesrepublik Deutschland, Stand: 01.01.2009. §§ 298ff, §§ 331ff.

[40] vgl. Bundeskriminalamt: Korruption Bundeslagebild 2007. S.4.

Schwerpunkt der Korruption

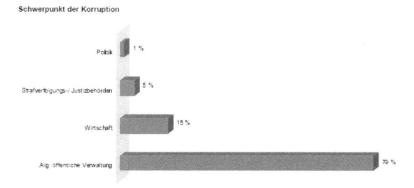

Abbildung 27: Schwerpunkt der Korruption. BKA, Bundeslagebild zur Korruption 2007, S. 8.

Die Korruption geht quer durch die Bevölkerung, allerdings mit unterschiedlichen Verteilungen, wie die folgende Abbildung illustriert:

Berufsgruppenzugehörigkeit der "Nehmer"

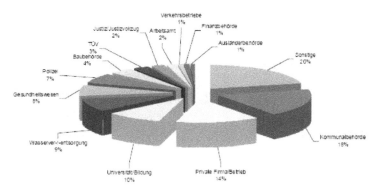

Abbildung 28: Schwerpunkt der Korruption. BKA, Bundeslagebild zur Korruption 2007, S. 10.

Die Vorteile der „Nehmer" reichen von Bargeld (30%), über Dienstleistungen (3%), Urlaubsreisen (11%), Teilnahme an Veranstaltungen (8%), Bewirtungen (15%), Rabatte (3%), zu Sachzuwendungen (21%) und sonstigen Vergünstigungen (9%). Doch, wer sind die Geber? Siehe nächste Abbildung:

Branchenzugehörigkeit der "Geber"

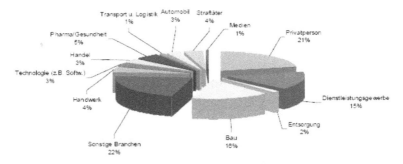

Abbildung 29: Schwerpunkt der Korruption. BKA, Bundeslagebild zur Korruption 2007, S. 12.

Die Vorteile der „Geber" sind Gebührenersparnisse (4%), Aufenthalts- und Arbeitserlaubnisse (4%), behördeninterne Informationen (2%), Beeinflussung der Strafverfolgung (4%), behördliche Genehmigungen (6%), sonstige Wettbewerbsvorteile (15%), Bezahlung fingierter Rechnungen (17%), Erlangung von Aufträgen (40%!) und sonstige Vergünstigungen (6%).

2.3.4 Korruption und Strafmaß

Paradoxerweise herrscht in Ländern, in denen die Korruption sehr hart bestraft wird, eine äußerst hohe Korruptionsrate in der Bevölkerung und in Ländern in denen die Korruption eher milde bestraft wird, ist die Korruptionsproblematik wesentlich geringer[41].

---

[41] vgl. Transparency International. http://www.transparency.org/policy_research/surveys_indices/ Stand: 21.08.2009. Siehe auch: Steinrücken, Torsten: Sind härtere Strafen für Korruption erforderlich? Vierteljahreshefte zur Wirtschaftsforschung, Nr. 73, 2. DIW, Berlin 2004. S.301-317.

3 Spieltheoretische Modellierung

3.1 Konzeption

Spieltyp: Für die spieltheoretische Modellierung der Korruption wird hier der Spieltyp des evolutionären Spiels eingesetzt und zwar in der Variante des Populationsspiels, in der Bimatrix-Normalform.

Spieler: Es wird angenommen, dass es in der betrachteten Population Individuen gibt, die entweder korrupt sind, oder nicht.

Strategien: Ist ein Spieler korrupt, so bietet er Vorteile an und gewährt sie, oder er nimmt sie selbst an. Ist ein Spieler nicht korrupt, so bietet er keine Vorteile an und gewährt sie nicht, oder er lehnt sie ab. Jeder Spieler hat demnach zwei Strategien, die im Folgenden mit den lateinischen Ausdrücken „corrumpere" für korruptes Verhalten und „abstinere" für nicht korruptes Verhalten bezeichnet und als s_c und respektive s_a notiert werden.

Auszahlungen: Korruption kann entweder durch Untersuchungen von offiziellen Institutionen, also extern, aufgedeckt werden, oder von Mitspielern, also intern. Daher können die Konstellationen corrumpere-corrumpere, corrumpere-abstinere, sowie abstinere-corrumpere zu einer Aufdeckung führen. Für den Fall, dass beide Spieler korrupte Strategien wählen, sind die Auszahlungen für beide Spieler im Vergleich zur nichtkorrupten Verhaltensweise relativ hoch, verglichen mit der sonst üblichen Vergütung. Für nicht korrupte Spieler kommt es in den Konstellationen corrumpere-abstinere und abstinere-corrumpere zwar zu keinem finanziellen Vorteil, jedoch ist die Erhaltung des gesellschaftlichen Status Quo und das Bewusstsein der eigenen moralischen Integrität und Standhaftigkeit in einer solchen Situation (i.e. eine Gelegenheit zur Bereicherung) eine Größe, die ebenfalls mit einer positiven Auszahlung gewertet werden muss. Da diese Größe jedoch nicht objektiv bestimmt werden kann (weil es sich um subjektive Werte handelt), kann hier nur ein willkürlicher Betrag berücksichtigt werden, der eine ordinale Bewertung in die Auszahlung bringt. Auf der anderen Seite wird im vorliegenden Modell der korrupte Spieler analog mit einem Integritätsabzug gleicher Höhe belegt, was sozusagen ein Ausdruck für die Kosten der Einschränkung des persönlichen Wohlbefindens beispielsweise durch ein schlechtes Gewissen, Verlust gesellschaftlichen Ansehens durch Gerüchte oder anderen Folgen des Fehlverhaltens darstellt (hier mit einer

Vorgabe von 5% des Korruptionsgewinns). Das hier beschriebene Vorgehen bei der Festlegung der Auszahlungen stammt aus der Nutzentheorie, die im Rahmen dieser Arbeit aus Platzgründen leider nicht näher untersucht werden kann.

3.2 Modellierung des Ist-Zustands

		corrumpere		abstinere			
	a	α	b	β			
corrumpere	58188	58188	39434	43584	p	0,12
abstinere	43584	39434	41509	41509	1-p	0,88
	c	γ	d	δ			
		q		1-q			
		0,12		0,88			

$$p = \frac{\gamma-\delta}{\beta-\alpha+\gamma-\delta} = \frac{-2075}{-16679} = 0,12$$

$$q = \frac{d-b}{a-b+d-c} = \frac{2075}{16679} = 0,12$$

Abbildung 30: Modellierung Ist-Zustand. Selbst angefertigt.

Für die Berechnung der Auszahlungen wurden die Daten aus den in 2.3 genannten Quellen verwendet, unter Berücksichtigung der Auszahlungsregeln aus 3.1.

4 Agenten-Basierte Modellierung

4.1 Konzeption

Grundlage der ABM-Simulation dieser Arbeit ist das spieltheoretische Modell aus 3.2. Korrupte Spieler werden durch entsprechende Interaktion gemäß des gemischten Nash-Gleichgewichts eliminiert. Denn ein Korruptionsskandal stellt für den korrupten Spieler nicht nur einen Verlust finanzieller Art dar, sondern auch einen Verlust an Ansehen und Zukunftschancen, die hier sozusagen auf darwinistische Weise selektiert werden. Das „meme" der Korruption wird sodann ebenfalls auf Basis des gemischten Nash-Gleichgewichts (hier bezeichnet als Fitness-Ratio) an die „Nachkommen" weitergegeben.

Eine Abschreckungswirkung durch die Gestaltung des Strafmaßes fließt nicht in die Auszahlungen ein, da es nach Meinung des Autors empirisch erwiesen ist, dass eine Steigerung des Strafmaßes keinen wirklich verhindernden Einfluss auf die Korruptionsbereitschaft hat (siehe die Wirkung der Androhung der Todesstrafe). Die Aufklärungsrate hat allerdings erwiesenermaßen (Transparency, BKA) sehr wohl einen Einfluss auf die Korruptionsrate. Veränderungen der Aufklärungsrate wirken sich auf die Berechnung des Korruptionsgewinns aus, und zwar umgekehrt proportional. Denn wenn die Aufklärung steigt, so sinkt in der Folge offensichtlich die Korruptionsrate. Dabei steigt aber gleichzeitig der durchschnittlich zu erwartende Gewinn. Offensichtlich bewirkt die sinkende Korruptionsrate durch den Wegfall von Konkurrenten sozusagen eine „Preissteigerung" für Korruption. Dies deckt sich mit Beobachtungen in der realen Welt. Der finanzielle Anreiz für Korruption wird umso größer, je weniger Korrupte agieren und umso größer das Risiko der Aufdeckung ist. Das Verhalten des ABMs wird demnach durch die einschlägigen Statistiken bestätigt.

4.2 Programmierung der Agenten und Mechanismen

Siehe Kommentare und Umsetzung im Quelltext des Netlogo-Modells in Anlage 4.

4.3 Programmierung der Parameter-Steuerung

Siehe Kommentare und Umsetzung im Quelltext des Netlogo-Modells in Anlage 4.

4.4 Programmierung der Benutzeroberfläche

Siehe Kommentare und Umsetzung im Quelltext des Netlogo-Modells in Anlage 4.

4.5 Anwendung der ABM

Im oberen Teil des Anwendungsfensters können unter der Überschrift „Statistical Data Input" zur weiteren Verarbeitung statistische Daten direkt in das Modell eingegeben werden. Dafür stehen die grünen Eingabefenster „average_wage..." (Jahresdurchschnittslohn), „cases_detected" (Gesamtzahl der gerichtlich verhandelten Korruptionsfälle eines Jahres), „detection_rate" (Aufklärungsrate) und „total_detected_benefit..." (Gesamterlös der gerichtlich verhandelten Korruptionsfälle eines Jahres) zur Verfügung. Die vorgegebenen Daten stammen aus den in 2.3 genannten Quellen. Unter der Überschrift „Variation Input" kann über das grüne Eingabefenster „new_detection_rate" eine neue Aufklärungsrate eingegeben werden, um festzustellen, wie sich eine veränderte Aufklärungsrate auf die Korruptionsrate unter Berücksichtigung der übrigen statistischen Parameter auswirkt. Unter der Überschrift „Basic Settings" können über die grünen Schieberegler „Population_x_100000" und „init_%_corrumpere" die gewünschte Bevölkerungszahl (mal 100.000 Einwohner) und die gewünschte Startzusammensetzung der Bevölkerung in Prozent vorgegeben werden.

Die Berechnungsresultate der statistischen Vorgaben können im darunter folgenden Teil unter den Überschriften „Statistical Data Output", „Variation Output" und „Final Output" in den beigefarbenen Ausgabefenstern „total_cases" (geschätzte Gesamtzahl aller Korruptionsfälle inklusive der Dunkelziffer, „overall_benefit_corruptae" (geschätzter „Erlös" aller Korruptionsfälle eines Jahres), „average_corruption_gain" (geschätzter durchschnittlicher Korruptionserlös pro Fall), „cases_detected_new" (neue geschätzte Zahl der gerichtlich verhandelten Korruptionsfälle eines Jahres), „new_average_gain" (neuer geschätzter durchschnittlicher Korruptionserlös pro Fall), „final % corrumpere" (resultierende Korruptionsrate), „count corruptae" (Zahl der Korrupten) und „count incorruptae" (Zahl der nicht Korrupten) abgelesen werden.

Der folgende Teil mit der Bezeichnung „Bi-Matrix" stellt offensichtlich eine direkte Wiedergabe der spieltheoretischen Modellierung aus 3.2 dar. Die Ausgabefenster geben darin die entsprechenden Auszahlungen („Payoffs") wieder. Deren Berechnung erfolgt automatisch gemäß den Eingaben in den statistischen Eingabefeldern und durch entsprechende Algorithmen des ABM.

Das Fenster „Ratio-Plot" gibt eine visuelle Darstellung der durch das ABM gewonnenen Daten, hier in roter Farbe die Zahl der korrupten Personen (x100.000) und in grüner Farbe die Zahl der nicht korrupten Personen (x100.000).

Das Fenster rechts neben dem „Ratio-Plot" stellt die „Welt" des ABM dar. Er ist der Interaktionsraum, in dem die Agenten sich bewegen und miteinander interagieren. Die Agenten werden durch rote und grüne Personensymbole dargestellt, rot für korruptes Verhalten, grün für nicht korruptes Verhalten. Jede Person repräsentiert 100.000 Personen in Wirklichkeit. Direkt über dem „Welt"-Fenster befinden sich die Buttons „Setup" und „Start/Stop". Ein Klick auf den Setup-Button bewirkt die Initialisierung der Simulation mit den Daten der Eingabefenster. Ein Klick auf „Start/Stop" bewirkt den Start, ein weiterer Klick bewirkt das Anhalten der Simulation.

Anmerkung: Bevor Werte aus dem Eingabefenster „Variation Input" in die Simulation übernommen werden können, muss die Anwendung neu gespeichert werden.

Ein vollständiges Handbuch zur Verwendung und Programmierung der NetLogo-Oberfläche steht auf der NetLogo-Website mit der folgenden URL kostenlos zur Verfügung: http://ccl.northwestern.edu/netlogo/docs/

Das Copyright für das NetLogo-Handbuch liegt bei Uri Wilensky (Copyright 1999-2008). Die kostenlose Vervielfältigung zu Forschungs- und Lehrzwecken ist ausdrücklich erlaubt.

5 Ergebnissicherung

5.1 Identifizierung der Ergebnisse

Im Folgenden sollen die Ergebnisse dieser Diplomarbeit festgestellt werden. Dabei wird unterschieden zwischen dem spieltheoretischen Ansatz und dem ABM Ansatz.

5.1.1 Identifizierung der spieltheoretischen Ergebnisse

Im Verlauf der Diplomarbeit sollte überprüft werden, ob es sich bei der Korruption tatsächlich um eine ESS handelt. Dazu wurden die Auszahlungen, die im Modell unter 3.2 genannt werden, verwendet. Wie in 2.2.3 beschrieben, ist eine Strategie evolutionär stabil, wenn folgende Bedingungen erfüllt sind:

1. $E(p,p) \geq E(q,p) \ \forall \ q$

und falls $E(p,p) = E(q,p)$, so muss gelten

2. $E(p,q) > E(q,q) \ \forall \ q \neq p$.

Das Modell unter 3.2 ist evolutionär stabil, denn es gilt:

Erwartete Auszahlung E von Spieler 1 von corrumpere gegen $(q,1-q)$ = $q[58188]+(1-q)[39434]$ = $58188q +39434-39434q = 18754q+39434$

Erwartete Auszahlung E von Spieler 1 von abstinere gegen $(q,1-q)$ = $q[43584]+(1-q)[41509]$ = $43584q+41509-41509q = 2075q+41509$

NE : $18754q+39434 = 2075q+41509 \Rightarrow 16679q = 2075 \Rightarrow \ q = 0,12$

Dabei beträgt $E(p) = (18754q+39434) + (2075q+41509) = 41684 + 41758 = 83442$

Erwartete Auszahlung E von Spieler 2 von corrumpere gegen $(p,1-p)$ = $p[58188]+(1-p)[39434]$ = $58188p+39434-39434p = 18754p+39434$

Erwartete Auszahlung E von Spieler 2 von abstinere gegen $(p,1-p)$ = $p[43584]+(1-p)[41509]$ = $43584p+41509-41509p = 2075p+41509$

NE : $18754p+39434 = 2075p+41509 \Rightarrow 16679p = 2075 \Rightarrow p = 0,12$

Dabei beträgt $E(q) = (18754p+39434) + (2075p+41509) = 41684 + 41758 = 83442$

1. Bedingung ist erfüllt mit: $83442 + 83442 \geq 83442 + 83442$

und

2. da im Modell kein q ungleich p existiert, ist auch die zweite Bedingung erfüllt.

5.1.2 Identifizierung der ABM-Ergebnisse

Die ABM konnte zeigen, dass die Interaktion der Agenten unter Berücksichtigung der vorgegebenen Parameter zum gleichen Ergebnis wie die spieltheoretische Untersuchung führte. Insbesondere konnte gezeigt werden, dass die anfängliche Zusammensetzung der Bevölkerung keine Rolle spielt, es wurde im Verlauf der Simulation nach einer anfänglichen Konsolidierungsphase immer das vorausgesagte Nash-Gleichgewicht (siehe „final % corrumpere" in der NetLogo-Simulation) erreicht.

5.2 Auswertung der Ergebnisse

Im Folgenden sollen die Ergebnisse dieser Diplomarbeit bewertet werden. Dabei wird unterschieden zwischen dem spieltheoretischen und dem ABM Ansatz.

5.2.1 Auswertung der spieltheoretischen Ergebnisse

Die Tatsache, dass es sich bei der Korruption unter den in 3.1 genannten Voraussetzungen tatsächlich um eine evolutionär stabile Strategie handelt, impliziert, dass eine Bekämpfung der Korruption die „Spielregeln" der evolutionären Spieltheorie beachten muss.

5.2.2 Auswertung der ABM-Ergebnisse

Die ABM-Ergebnisse bestätigen die spieltheoretischen Ergebnisse.

5.3 Zusammenführung der Ergebnisse

Die ABM-Ergebnisse zeigen, dass durch eine Variation der Parameter die verschiedensten Szenarien simuliert und mögliche Handlungsalternativen zur Bekämpfung der Korruption bequem untersucht werden können.

5.3.1 Erkenntnis

Das Phänomen der Korruption ist, unter den in 3.1 genannten Voraussetzungen, eine evolutionär stabile Strategie.

5.3.2 Empfehlungen

Da es sich bei der Korruption unter den in 3.1 genannten Voraussetzungen um eine evolutionär stabile Strategie handelt, muss bei Lösungsansätzen zur Bekämpfung der Korruption Rücksicht auf die Funktionsweise von ESS genommen werden. Eine höhere Aufklärungsrate wird zwar zu einer niedrigeren Korruptionsrate führen, der gesellschaftliche Schaden aber wird gleich bleiben, da der durchschnittliche Korruptionsgewinn bei sinkender Korruptionsrate steigt. Wenn man Korruption beseitigen möchte, so muss eine Strategie gefunden werden, die korrupte Strategien darwinistisch selektiert, bis zum Aussterben der korrupten Verhaltensweise.

6 Ausblick

Die wissenschaftliche Forschung lässt sich in die normative, präskriptive und deskriptive Forschung einteilen. Während diese Arbeit sich bisher schwerpunktmäßig mit normativen und präskriptiven Fragestellungen beschäftigt hat, wird in diesem Abschnitt der deskriptive Aspekt der Arbeit untersucht, um einen Ausblick auf eine mögliche Weiterentwicklung der spieltheoretischen Untersuchung der Korruption zu geben. Dies kann mit der experimentellen Wirtschaftsforschung erreicht werden. Ein Experiment wird nach RIECK[42] wie folgt definiert:

Ein Experiment liegt vor, wenn eine reale (empirische) Erscheinung systematisch beobachtet wird, indem bestimmte Konstellationen relevanter Einflussgrößen absichtsvoll und wiederholbar herbeigeführt werden.

Experimente haben nach RIECK[42] die folgenden möglichen Ziele:

1. Überprüfung von Theorien

2. Ideenfindung für neue Theorien

3. Messen von Parametern im Rahmen einer Theorie

4. Abgeben von Empfehlungen

5. Abschätzung der Wirkung von hypothetischen Gestaltungsregeln

In dieser Arbeit wurde bereits ein Teilaspekt der experimentellen Wirtschaftsforschung beleuchtet, nämlich die Simulation (siehe Abschnitt 1.2.3). Dabei sollte allerdings beachtet werden, dass eine Simulation kein Experiment ist, denn bei einem Experiment werden laut Definition empirische Erscheinungen beobachtet, was bei der Simulation nicht der Fall ist. Die Simulation ist nach WÖHE[43] aber eine experimentelle Lösungsmethode. In den folgenden Unterabschnitten sollen allerdings die Hauptströmungen der experimentellen

[42] vgl. Rieck, Christian: Spieltheorie - Eine Einführung. 2008, Christian Rieck Verlag, S. 340ff.

[43] vgl. Wöhe, Günter: Einführung in die Allgemeine Betriebswirtschaftslehre. Verlag Vahlen, S. 175

Wirtschaftsforschung betrachtet werden, nämlich das Feldexperiment und das Laborexperiment.

6.1 Ansatz Feldexperiment

Im Feldexperiment wird der zu untersuchende Prozess oder das System in seiner natürlichen Umgebung der realen Welt beobachtet. Dabei kann der Experimentator in das Experiment eingreifen, dann handelt es sich um ein kontrolliertes Feldexperiment, oder er greift nicht ein, dann spricht man von einem unkontrollierten Feldexperiment. Im Zusammenhang mit der Korruption erscheint die Durchführung eines Feldexperiments sehr schwierig, da in der realen Welt aus nahe liegenden Gründen stets eine hohe Dunkelziffer über die tatsächliche Beteiligung an Korruptionsdelikten vorliegen wird. Man wird von einem korrupten Beamten nur selten eine wahrheitsgemäße Angabe über seine unaufgedeckten Korruptionsaffären bekommen, selbst bei anonymen Befragungen. Um die Resultate eines Experiments auswerten zu können und in der Folge Lösungsansätze zu konstruieren, braucht man aber möglichst exakte Daten. Ein weiterer Nachteil des Feldexperiments sind seine Dimensionen. Um beispielsweise eine Befragung (als Messinstrument der Folgen durchgeführter Maßnahmen) von großen Bevölkerungsgruppen einer Nation durchzuführen und auszuwerten, wären immense finanzielle Mittel notwendig.

6.2 Ansatz Laborexperiment

Möchte man alle relevanten Einflussfaktoren eines Prozesses kontrollieren können und mögliche Störfaktoren ausblenden, so bietet sich das Laborexperiment an. In einer beliebig veränderbaren künstlichen Umgebung können sämtliche Szenarien durchgespielt werden. Auch kann das gesamte Forschungsprojekt im Laborexperiment gemäß den vorhandenen Mitteln skaliert werden. Im Laborexperiment hat man schließlich die Freiheit, innerhalb der vorhandenen Mittel, die Folgen neuer Gestaltungsregeln abzuschätzen, die in einem Feldexperiment zu riskant wären, weil ein möglicher volkswirtschaftlicher Schaden unverhältnismäßig sein könnte. Der Autor dieser Arbeit geht davon aus, dass die Ergebnisse der hier vorgelegten Arbeit durch die Methoden der experimentellen Wirtschaftsforschung bestätigt werden können und schlägt speziell das Laborexperiment als Ansatz zur weiteren Untersuchung des Gegenstandes vor.

7 Fazit

Die Zielstellung dieser Arbeit ist laut Abschnitt 1.1 die spieltheoretische Modellierung von Korruption in der Wirtschaftswelt, unter der besonderen Berücksichtigung evolutionärer Aspekte. Insbesondere wurde die Hypothese aufgestellt, dass es sich bei dem Phänomen der Korruption um eine evolutionär stabile Strategie handelt. Diese Zielstellung wurde in dem genannten Abschnitt aus einer intuitiven Vorstellung zu einem klaren Forschungsziel definiert. In Kapitel 2 konnte der Stand der Forschung der beteiligten Disziplinen dargestellt werden. In Kapitel 3 konnten die Erkenntnisse aus Kapitel 2 in ein spieltheoretisches Modell umgesetzt werden und es konnte nachgewiesen werden dass es sich bei der Korruption, unter den in 3.1 genannten Voraussetzungen, tatsächlich um eine evolutionär stabile Strategie handelt. Die Richtigkeit der Hypothese von Abschnitt 1.1 konnte damit unter den gemachten Annahmen nachgewiesen werden. In Kapitel 4 konnten die Erkenntnisse aus Kapitel 2 in ein Agenten-basiertes-Modell umgesetzt werden und der Nachweis der evolutionär stabilen Strategie aus Kapitel 3 aufgrund des ABM-Outputs bestätigt werden. In Kapitel 5 wurden die Ergebnisse dieser Arbeit identifiziert und bewertet. In Kapitel 6 wurde ein Ausblick auf eine weitere Untersuchung der Korruption mit den Mitteln der experimentellen Wirtschaftsforschung vorgeschlagen.

Literaturverzeichnis

Binmore, Kenneth G. & Samuelson, Larry: Evolutionary stability in repeated games played by finite automata. Journal of Economic Theory, o.O. 1992, vol. 57(2), S. 278-305.

Bronstein, Semendjajew, Musiol, Mühlig: Taschenbuch der Mathematik. Verlag Harri Deutsch, Thun und Frankfurt am Main 2000.

Fonagy, Gergely, Jurist, Target: Affektregulierung, Mentalisierung und die Entwicklung des Selbst. Klett-Cotta, Stuttgart 2004.

Gardner Martin: The fantastic combinations of John Conway's new solitaire game „life". Scientific American 233, o.O. 1970, S. 120-123.

Harsanyi, John und Selten, Reinhard: A General Theory of Equilibrium Selection in Games., MIT-Press Books, Cambridge 1988.

Holler und Illing: Einführung in die Spieltheorie. Springer-Verlag, Berlin Heidelberg New York 1996.

John von Neumann, Oskar Morgenstern: The Theory of Games and Economic Behaviour, Princeton 1944.

Luce und Raiffa: Games and Decisions. Wiley & Sons, New York 1957.

Pies, Ingo: Wirtschaftsethik-Studie Nr. 2005-2., Lehrstuhl für Wirtschaftsethik, Martin-Luther-Universität Halle-Wittenberg 2005.

Rechenberg, Peter: Was ist Informatik? Hanser Fachbuch, München 2000.

Rieck, Christian: Spieltheorie - Eine Einführung. Christian Rieck Verlag, Eschborn 2008.

Selten, Reinhard: Multistage Game Models and Delay Supergames. Zeitschrift „Theorie and Decision", Vol. 44, Nummer 1, o.O. 1998, S. 13-14.

Selten, Reinhard: Reexamination of the Perfectness Concept for Equilibrium Points in Extensive Games. Int. Journal of Game Theory, Vol. 4, Issue 1, o.O. 1975, S. 46ff.

Smith, John Maynard: Evolution and the Theory of Games. Cambridge University Press, Cambridge 1982.

Stephan, Franz: Grundlagen des ökonomischen Ansatzes: Das Erklärungskonzept des Homo Oeconomicus; W. Fuhrmann (Hrsg.), Working Paper, International Economics, Heft 2, Nr. 2004-02, Universität Potsdam 2004.

Steinrücken, Torsten: Sind härtere Strafen für Korruption erforderlich? Vierteljahreshefte zur Wirtschaftsforschung, Nr. 73,2. DIW, Berlin 2004. S.301-317.

Thurner, Stefan: Anatomy of financial crashes. Verhandlungen der Deutschen Physikalischen Gesellschaft, AGSOE, Dresden 2009.

Turing, Alan: On Computable Numbers, with an Application to the Entscheidungsproblem. Proceedings of the London Mathematical Society, Serie 2, Nr. 42, 1936, S. 230-265

Vahlenkamp, Werner und Knauß, Ina: Korruption: Ein unscharfes Phänomen als Gegenstand zielgerichteter Prävention. BKA-Forschungsreihe Band 33, o.O. 1995, S.20f.

von Neumann, John: Mathematische Annalen, Volume 100 - Zur Theorie Gesellschaftsspiele. Springer Verlag, o.O. 1928, S. 295-320.

Wilson, Robert und Govindan: Refinements of Nash Equilibria. Stanford Business School Research Paper, Nummer 1897. o.O. 2005.

Wöhe, Günter: Einführung in die Allgemeine Betriebswirtschaftslehre. Verlag Vahlen, München 1990.

Wolfram, Stephen: A New Kind of Science. Wolfram Media Inc., Champaign 2002.

Wooldridge & Jennings: Intelligent Agents: Theory and practice, Knowledge Engineering Review, o.O. 1995.

Bundeskriminalamt: Korruption Bundeslagebild 2007.
http://www.bka.de/lageberichte/ko/blkorruption2007.pdf, 07.09.2009.

Bundesministerium der Justiz: Strafgesetzbuch, http://bundesrecht.juris.de/stgb/index.html, 16.04.2009.

Langenau, Lars: Krebsgeschwür der Erde
http://www.spiegel.de/politik/deutschland/0,1518,324119,00.html, 05.06.2009.

Statistisches Bundesamt: Verdienste und Arbeitskosten
http://www.destatis.de/jetspeed/portal/cms/Sites/destatis/Internet/DE/Navigation/
Statistiken/VerdiensteArbeitskosten/VerdiensteArbeitskosten.psml, 07.09.2009.

StGB der Bundesrepublik Deutschland, o.O. Stand: 01.01.2009. §§ 298ff, §§ 331ff.

Transparency International: Surveys and Indices
http://www.transparency.org/policy_research/surveys_indices/, 21.08.2009.

World Bank: The Costs of Corruption.
http://www.worldbank.org/wbi/governance/briefs.html 29.05.2009

Anhang 1: Screenshot Nr. 1 zu Korruption_Var_I.nlogo

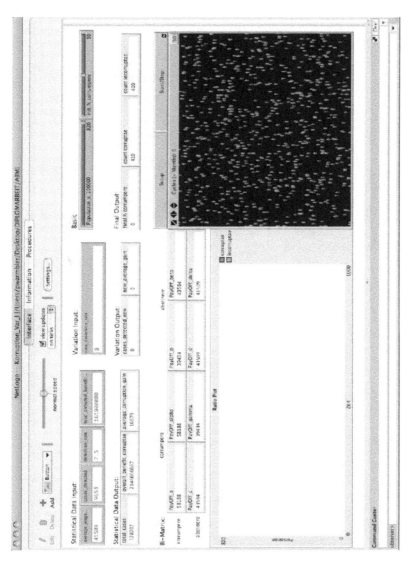

Abbildung 31: Screenshot zu Ausgangsanzeige. Selbst angefertigt.

Anhang 2: Screenshot Nr. 2 zu Korruption_Var_I.nlogo

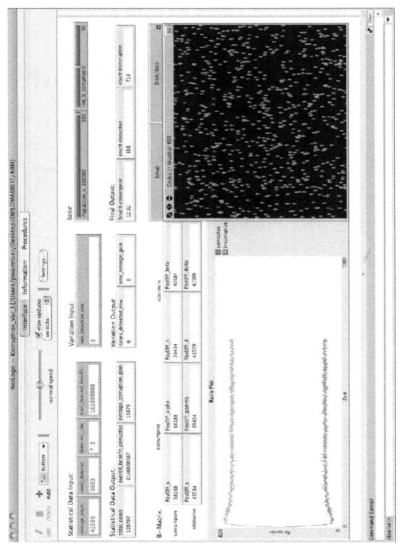

Abbildung 32: Screenshot zu laufender Simulation mit vorgegebener Aufklärungsrate von 7,5%. Selbst angefertigt.

Anhang 3: Screenshot Nr. 3 zu Korruption_Var_I.nlogo

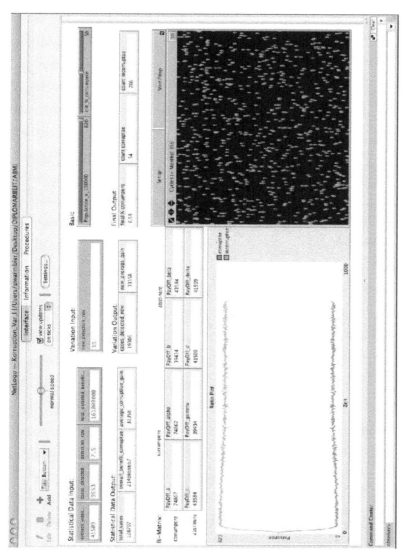

Abbildung 33: Screenshot zu laufender Simulation mit veränderter Aufklärungsrate von 15%. Selbst angefertigt.

Anhang 4: Quellcode zu Korruption_VAR_I.nlogo

```
;; Festlegung der globalen Variablen:
globals
[
%_abstinere
average_corruption_gain
cases_detected_new
corrumpere_ratio
detection_ratio
fitness_ratio
integrity_factor
overall_benefit_corruptae
new_average_gain
PayOff_a
PayOff_b
PayOff_c
PayOff_d
PayOff_alpha
PayOff_beta
PayOff_gamma
PayOff_delta
threshold
total_cases
]


;; Festlegung der Agenten-Variablen:
turtles-own [resource]
breed [corruptae corruptus]
breed [incorruptae incorruptus]
```

```
;; Programmierung der Parameter-Steuerung:
to setup
  clear-all
  set-default-shape turtles "person"
  set integrity_factor 5
  set total_cases cases_detected * 100 / detection_rate
  set overall_benefit_corruptae (total_detected_benefit_corruptae * 100 /   detection_rate)
  set average_corruption_gain (overall_benefit_corruptae / total_cases )
  set detection_ratio (new_detection_rate / detection_rate)
  set cases_detected_new (cases_detected * detection_ratio)
  set new_average_gain (average_corruption_gain * detection_ratio)

  if new_detection_rate != 0 [set average_corruption_gain new_average_gain]

  set PayOff_a ((average_wage_p.a._p.c.) + average_corruption_gain)
  set PayOff_alpha ((average_wage_p.a._p.c.) + average_corruption_gain)
  set PayOff_b (average_wage_p.a._p.c. - (average_wage_p.a._p.c. * integrity_factor /
100))
  set PayOff_beta (average_wage_p.a._p.c. * ((integrity_factor / 100) + 1))
  set PayOff_c (average_wage_p.a._p.c. * ((integrity_factor / 100) + 1))
  set PayOff_gamma (average_wage_p.a._p.c. - (average_wage_p.a._p.c. * integrity_factor
/ 100))
  set PayOff_d (average_wage_p.a._p.c.)
  set PayOff_delta (average_wage_p.a._p.c.)
  ask turtles [set resource 0]
  set %_abstinere (100 - init_%_corrumpere)
  create-corruptae (Population_x_100000 * init_%_corrumpere / 100)
  ask corruptae
    [setxy random-xcor random-ycor
     set color red]
```

```
;; Hier wird der Fitness-Ratio aus den Auszahlungen berechnet.
ask corruptae
  [set fitness_ratio ((PayOff_d - PayOff_b) / (PayOff_a - PayOff_b + PayOff_d -
PayOff_c)) * 100]
  create-incorruptae (Population_x_100000 * %_abstinere / 100)
  ask incorruptae
    [setxy random-xcor random-ycor
     set color green]
end


;; Programmierung der Benutzeroberfläche:
to go
  ;; Auslösen der Agenten-Bewegung.
  ask turtles [move]
  ;; Farbzuweisung.
  ask corruptae [set color red]
  ask incorruptae [set color green]
  ;; Festlegung der Taktung.
  tick
  ;; Auslösen des Plottings.
  do-plotting
end


;; Programmierung der Agenten und des Selektionsmechanismus.
;; Bewegungsalgorithmus.
to move
  rt random 360
  forward 1
  if any? other corruptae-here [set resource resource + fitness_ratio]
  if any? other corruptae-here [ask other turtles-here [set resource resource +
fitness_ratio]]
  if any? other turtles-here with [color != [color] of myself and color = green]
    [set resource resource + fitness_ratio]
```

```
if any? other turtles-here with [color != [color] of myself and color = red]
  [ask other turtles-here [set resource resource + fitness_ratio]]


  ;; Neue corruptae erzeugen, nach dem Fitness_Ratio.
  set threshold random 100
  if resource > 99 and threshold <= fitness_ratio [hatch-corruptae 1]
  if resource > 99 and threshold > fitness_ratio [hatch-incorruptae 1]
  if resource > 99 [die]
end


;; Programmierung der Ausgabe-Diagramme / Plotting:
to do-plotting
  set-current-plot "Ratio Plot"
  set-current-plot-pen "corruptae"
  plot count corruptae
  set-current-plot-pen "incorruptae"
  plot count incorruptae
  if count incorruptae = 0 [set corrumpere_ratio 100]
  if count incorruptae != 0 [set corrumpere_ratio count corruptae / count turtles * 100]
end
```

;; Anmerkung:

;; Darwinistische Auslese nach Fitness-Ratio. Umsetzung für die Agenten geschieht individuell in der Interaktion.

;; Wenn ein Agent stirbt, so wächst sofort einer nach dem Fitness-Ratio nach. Der Life-Cycle der Incorruptae wird nicht dargestellt, da ein

;; Incorruptae immer nur ein Incorruptae-Meme weitergibt, also immer genau ein Incorruptae nachwächst.

BEI GRIN MACHT SICH IHR WISSEN BEZAHLT

- Wir veröffentlichen Ihre Hausarbeit,
  Bachelor- und Masterarbeit

- Ihr eigenes eBook und Buch -
  weltweit in allen wichtigen Shops

- Verdienen Sie an jedem Verkauf

Jetzt bei www.GRIN.com hochladen und kostenlos publizieren

www.ingramcontent.com/pod-product-compliance
Lightning Source LLC
Chambersburg PA
CBHW031229050326
40689CB00009B/1532